KiWi
1752

Das Buch

Deutschlands Nachbar im Südosten ist ein wunderschönes Land mit hohen Gipfeln, tiefen Abgründen und kilometerweiter Leere. Inmitten dieser Leere ist Eva Reisinger aufgewachsen, in Oberösterreich, wo in jeder Einfahrt zwei Autos stehen, ein Moped die Welt bedeutet und sich am Wochenende alle in der Großraumdisco treffen.
Österreich bedeutet für die meisten Skifahren in Tirol, Salzburg, Schnitzel, Kaffeehauskultur und Wiener Schmäh – herrlich herzig! Eva Reisinger erzählt von einer anderen Seite der Alpenrepublik, dem Leben auf dem Land: Wie ist es, wenn sich der erste Freund als FPÖ-Wähler entpuppt und wenn außer im Internet so gar nichts passiert? Nebenbei klärt sie wichtige Fragen – etwa: Wie kann ein 31-Jähriger Kanzler werden? Wieso sind die Menschen in der lebenswertesten Stadt der Welt zugleich die unfreundlichsten? Wie kommt es, dass jede*r Dritte rechts wählt, obwohl weit und breit kein »Ausländer« zu sehen ist? – und sie verrät uns ihr Rezept für den besten Kaiserschmarren.

Die Autorin

Eva Reisinger hatte immer Angst, etwas zu verpassen, und so verließ sie die Provinz, um in Wien Journalismus zu studieren. Sie war Österreichkorrespondentin für das junge Magazin des *ZEIT*-Verlags und veröffentlichte Texte in *NEON, Wiener Zeitung, Die Presse, VICE, ZEIT ONLINE* und *jetzt.de.* Sie kann einen Doppelliter Bier anschreien und arbeitet als freie Autorin und Journalistin in Wien. Man nennt sie Schnitzelexpertin oder Teufelsjournalistin. Ihr gefällt beides.

Eva Reisinger

Was geht, Österreich?

Eine Landjugend mit Wodkabull
und dem Herrgott

Kiepenheuer & Witsch

Aus Verantwortung für die Umwelt hat sich der *Verlag Kiepenheuer & Witsch* zu einer nachhaltigen Buchproduktion verpflichtet. Der bewusste Umgang mit unseren Ressourcen, der Schutz unseres Klimas und der Natur gehören zu unseren obersten Unternehmenszielen.

Gemeinsam mit unseren Partnern und Lieferanten setzen wir uns für eine klimaneutrale Buchproduktion ein, die den Erwerb von Klimazertifikaten zur Kompensation des CO_2-Ausstoßes einschließt.

Weitere Informationen finden Sie unter:
www.klimaneutralerverlag.de

FSC
www.fsc.org
MIX
Papier aus verantwortungsvollen Quellen
FSC® C083411

Verlag Kiepenheuer & Witsch, FSC® N001512

1. Auflage 2021

Covergestaltung Marion Blomeyer / Lowlypaper
Covermotive © Getty Images
Karte Oliver Wetterauer
Gesetzt aus der Adobe Text und der Proxima Nova
Satz Buch-Werkstatt GmbH, Bad Aibling
Druck und Bindung CPI books GmbH, Leck
ISBN 978-3-462-05463-7

»Die anen foahn noch Ibiza, die aundren noch Udine
Wir bleiben im Parkbad, mochn Party in Kabine […]
Kabinenparty, geht scho, gemma«

Kabinenparty, Skero feat. Joyce Muniz (2009)

VORWORT

Ein 31-Jähriger mit abgebrochenem Studium wird der jüngste Kanzler der Geschichte. Wahlen müssen verschoben werden, weil die Kuverts nicht kleben. Eine Wurstsemmel löst einen Skandal aus. Musiker posieren als Hakenkreuz, Politiker bezeichnen Menschen als Ratten oder schicken Nachrichten auf WhatsApp an Adolf Hitler.

Du glaubst, es geht nicht mehr, da kommt Österreich daher. Über Wochen lasen sich die Nachrichten aus dem kleinen Land im Südosten von Deutschland wie Satire. Österreich, eine einzige Gag-Show. Willkommen in dem Land, das gar nix gelernt haben will, sich aber trotzdem für etwas Besseres hält. Also zumindest immer noch besser als Deutschland und die Schweiz. Eh klar.

Ich saß währenddessen in Berlin und meine Kolleg*innen fragten mich: Eva, was geht jetzt wieder mit Österreich? Meistens dachte ich mir selbst: Was hat Österreich verschissen und wie soll ich das erklären? Als an einem Freitag im Mai 2019 dann Teile des Ibiza-Videos veröffentlicht wurden, wusste man, jetzt knallt es. Alle blickten auf das kleine Land. Die rechte Regierung musste schließlich gehen. Ein Neustart für Österreich?

Jein. Ibiza hat etwas verändert, doch vieles blieb gleich. Schaut man genauer hin und will man das Land verstehen, muss man erst mal mit einigen Missverständnissen aufräumen. Österreich ist nicht nur Nazis, Schnitzel und Lederhosen, klar. Aber halt doch recht oft.

Ich bin am Land in Oberösterreich aufgewachsen. Mich begleitet das, was einige ernsthaft als österreichische »Leitkultur« bezeichnen, seit dem Kindergarten. Da wo ich herkomme, gilt Komasaufen als Hobby, ist Rechtssein einfach normal. Rassismus gehört genauso dazu wie das Schnitzel am Sonntag. Ich weiß, wie es ist, sich in einen Rechten zu verlieben und wenn Freunde einer deutschnationalen Burschenschaft beitreten. Es selbst miterlebt zu haben, hilft zu verstehen, was sich ändern muss. Darum erzähle ich davon.

Vom Aufwachsen am Land, wie Österreich das geworden ist, was es heute ist. Wie zur Hölle Strache nach dem Ibiza-Skandal zurückkommen konnte. Warum Wien die lebenswerteste Stadt ist und dort gleichzeitig die unfreundlichsten Menschen leben. Und warum man hier Wörter wie »Gewand« sagt, als wären wir im gottverdammten Mittelalter. Außerdem gibt es ein paar Rezepte, die man kennen sollte, um zumindest etwas Schmackhaftes zu zaubern, wenn der nächste Skandal bekannt wird. Der Irrsinn der österreichischen Politik ist so hartnäckig, dass ich mittlerweile sogar davon träume.

Eh klar, dass man ein ganzes Land nicht in einem Buch abhandeln kann. Weil es aber doch so viel zu erzählen gibt, musste eine österreichische Lösung her. Das Buch gliedert sich in ein ABC, damit neben der Causa und dem Duzen auch der Jörg Haider, die FPÖ, die Opferthese, das Schnitzel, der Kaiserschmarren, Wodkabull und das Kaffeehaus ihren Platz finden.

So ein Buch ist natürlich subjektiv, aber hier stimmt alles. Auch das, was ich erfunden habe. Denn wir in Österreich haben immer recht. Also ich auf jeden Fall.

Amen

»Mir ist so fad!«, jammerte ich meine Mutter in den Sommerferien stundenlang an. »Dann mach doch was!«, gab sie mir jedes Mal zurück. Als wäre das so einfach gewesen – irgendwo im Nirgendwo in Oberösterreich.

Schon als Kind war ich eine begnadete Suderantin, wie man auf Österreichisch zu Jammernden sagt – ich suderte gerne. Am liebsten darüber, dass meine Eltern wenigstens einen Pool hätten bauen können. Meine Logik ging so: Durch einen Pool wäre unser Haus automatisch zum *Place to be* geworden, jedem wäre egal gewesen, dass es hier sonst nichts zu tun gibt, denn es hätte ja den Pool gegeben. Ich wäre wahnsinnig beliebt gewesen, voll viele neue Freund*innen hätten mich ständig besucht und meine Jugend wäre gerettet gewesen. Mit der Pubertät weitete ich meine Theorie aus: Ich warf meinen Eltern vor, aus Böswilligkeit ins oberösterreichische Nichts gezogen zu sein, um sicherzustellen, dass wir ja nichts erleben würden.

Unser Haus hatte einen blühenden Garten mit Hängematte und ich ein eigenes Zimmer. Direkt hinter uns lag ein Bauernhof mit Schweinestall und Pferdekoppel. Öffnete man abends das Fenster, hörte man die Grillen zirpen und manchmal die Schweine schreien. Des Öfteren auch die Bewohner*innen des Hofs, die sich lautstark zuriefen:

»Du Arschloch, du deppertes« oder »I bring di um«. Umgebracht hat nie jemand wen. Aber wirklich verwundert hätte es auch niemanden. Nach dem Ortsschild reihten sich Wiesen und Äcker aneinander. Irgendwann danach kam das nächste Dorf, in dem genauso wenig los war wie bei uns. Wir gehörten zur Gemeinde, die drei Kilometer entfernt war und nicht ganz 3 000 Einwohner*innen zählte. In Dingenskirchen gab es immerhin einen Supermarkt zum Einkaufen, ein Freibad zum Schwimmen, eine Anlage zum Fußballspielen, einen Dorfwirt zum Saufen und eine Kirche zum Beten. Amen.

Österreich ist 83879 km² groß. Das entspricht in etwa der japanischen Insel Hokkaido. Ein großer Teil von Österreich sind Gletscher (zumindest im Moment noch), Berge, Flüsse und Seen – also Flächen, die nicht »nutzbar« sind. Zum Wohnen, für die Landwirtschaft und Straßen stehen lediglich um die 40 Prozent des Bodens zur Verfügung. In meiner Heimatgemeinde beanspruchen die Bürger*innen weit mehr Platz als im österreichischen Bundesdurchschnitt. Das ist in vielen Gemeinden so. Gebaut wird überall, des Öfteren wird dafür Grund von Grünfläche oder landwirtschaftlichem Gebiet einfach zu Baugründen umgewidmet. Dadurch wächst der verbaute Teil des Landes schneller als die Bevölkerung.

Dieses Österreich, in dem ich aufgewachsen bin, hat wenig mit den Bildern zu tun, die man im Rest der Welt vom Land in den Alpen hat. Keine Berge mit weiß angestaubten Spitzen, keine grasgrünen Almen und auch keine türkis glitzernden Seen. Mein Dorf bestand aus einer Straße, auf der Autos und Lkws durchpreschten. Links und rechts der Fahrbahn etwa zehn einzelne Häuser. Alle mit Garten. In vielen standen Gartenzwerge. Mit einer großen Hecke oder einem Zaun, einer Doppelgarage und zweifelhaften Wandfarben, grellgelb wie ein Neonmarker oder babyrosa wie ein verwaschener Strampelanzug. Der eine Nachbar hatte dauerhaft eine Österreichflagge in seinem Garten gehisst. Vor unserem Haus gab es eine Bushaltestelle, doch der Bus blieb nur zweimal am Tag stehen und am Wochenende gar nicht. Die Bushütte taugte höchstens zum heimlichen Rauchen. Egal, was ich machte und wo ich hinwollte, ich brauchte meine Eltern und ihr Auto dazu. Oder eben ein Moped.

Wer im Dorf aufwächst, weiß, dass die ersten Freundschaften nicht unbedingt entstehen, weil man so gut zusammenpasst, sondern weil man eben nebeneinander wohnt. Neben mir lebten fast nur ältere Jungs. So verbrachte ich viele Nachmittage ganz automatisch mit Fußballspielen. Ich war gefürchtet, da es mir an Technik und Größe fehlte und ich das mit möglichst vielen Fouls ausglich. Spielte ich mit, mussten die anderen um ihre Schienbeine bangen, und das gefiel mir.

Später brachten sie mir allerlei Nützliches bei, etwa wie man am Fußballplatz »einen Doppler Bier anschreit«. Dabei bekommt man sehr viel Bier in die Hand (also ein großes Glas, mit zwei Litern Bier gefüllt, aus dem alle trinken), steht auf und ruft einen Trinkspruch, auf den die anderen antworten. Je nach Fußballverein oder Freundeskreis wird unterschiedlich »angeschrien«. Am wichtigsten ist es, so laut wie nur irgendwie möglich zu sein – besonders als Frau. Meistens kommt ein »Prost, ihr Säcke« oder »Zickezacke« vor. Wir riefen oft: »Alkohol ist keine Lösung!«, worauf alle anderen buhten. Schließlich rief die Person, die anschrie: »Alkohol ist die Lösung!« Dabei gilt grundsätzlich, je tiefer (österreichisch, aufs Niveau bezogen) die Aussage, umso beliebter. Am Ende schreit man: »Zaum, zaum, zaum!« Alle grölen mit und stoßen an.

Dass es ein Privileg ist, nahe der Natur und in einem schönen Haus aufzuwachsen, war mir damals ziemlich wurscht. Ich fadisierte mich oft und träumte davon, in einer Großstadt zu leben. Das waren meiner Meinung nach Linz oder Wels. Meine Eltern gaben meinem Gesudere vom Pool übrigens nie nach, sondern gruben stattdessen im Garten irgendwann ein Loch für Goldfische. Wo vorher Omas betoniertes Salatbeet war, blickte man nun auf eine trübe Lacke. Sie lockte Libellen und Frösche an. Die Goldfische vermehrten sich wie wild. Das einen Meter tiefe Wasser wurde bald dunkel und algig. Ich könne ja jetzt dort baden gehen, meinten meine Eltern fortan mit einem Funkeln in den Augen, wenn ich sie mit meinen Vorwürfen nervte. Ein paarmal machte ich das auch, wenn auch mit dem Mund fest verschlossen.

Annemaries Nusstorte

Meine Mama kocht so gut wie sonst niemand. Das sage ich nicht nur, weil ich ihre Tochter bin, sondern weil es eben so ist. Bevor sie vor über 40 Jahren meinen Vater heiratete, hatte sie wenig Lust zum und auch wenig Ahnung vom Kochen. Plötzlich wurde aber von ihr erwartet, dass sie den Haushalt ernährt, inklusive zwei kleiner Kinder und aller Familienmitglieder, die sonntags zu Besuch kamen. Also rief sie ihre Mutter an und bat um Rezepte.

Bei uns wiederholt sich dieses Spiel der Generationen. Zumindest ein bisschen. Lange antwortete ich auf die ungebetenen Rezepte genervt: Nein danke, ich koche sowieso nicht! Immer öfter überkam mich dann halt aber doch die Lust auf Gerichte, die meine Mutter damals für uns kochte. Auch wenn ich nicht heiratete und auch keine Kinder zu bekochen hatte, wollte ich Topfenknödel, Schnitzel oder Kaiserschmarren essen. Also musste ich es lernen. Ich rief sie an und kroch zu Kreuze. Sie hatte geahnt, dass dieser Moment kommen würde, und zählte mir stolz die Zutaten auf. »Mischt Butter, Mehl und Milch zusammen.« Wenn ich nach den Mengenangaben fragte, antwortete sie: »Nimmst halt nach Gefühl!« Mir bringt dieser Tipp wenig, da ich beim Kochen nichts fühle.

Für dieses Buch setzen wir uns zusammen und sie diktiert

mir Rezepte von der Innenseite des Küchenregals, wo viele Zettel kleben, und sie schaut sogar die Mengenangaben in Rezeptbüchern nach. Diese detaillierten Rezepte stammen zum Teil also von anderen, denn die eigenen Rezepte kennt sie ja eh auswendig. Die gehen schließlich nach Gefühl! Die Annemarie ist übrigens eine Freundin meiner Mutter. Ich kenne sie persönlich nicht, aber ich weiß, wie sensationell ihre Torte schmeckt. Will man Eindruck schinden, macht man diese Torte. Der reichliche Rum im Rezept ist außerdem charakteristisch für die österreichische Küche. Für alle, denen es auch an Gefühl fehlt, hier das detaillierte Rezept von meiner Mutter beziehungsweise halt von der Annemarie.

Zutaten
6 große Eier
1 Eierschale Wasser und etwas Rum
(oder auch viel mehr)
1 Tasse Zucker
20 dag Walnüsse (also 200 Gramm)
10 dag Semmelbrösel (also 100 Gramm)
und noch mehr Rum
2 Esslöffel Mehl
1 Messerspitze Backpulver
Marillenmarmelade (also Aprikosenkonfitüre)
2 Becher Schlagobers (also Sahne)

Dotter, Zucker, Wasser und Rum schaumig schlagen. Das Eiklar mit einer Prise Salz sehr steif schlagen. In einer anderen Schüssel die Walnüsse und die Brösel mit etwas (oder viel) Rum beträufeln und verrühren.

Danach Mehl und Backpulver dazugeben. Mit einem Schneebesen alles vorsichtig zusammenmischen und den Teig in eine runde Backform geben. Bei 150 Grad Umluft dann circa 50 Minuten backen. Oder halt »nach Gefühl«, wie meine Mutter auch an dieser Stelle sagt. Dabei sollte sich der Kuchenteig vom Rand ablösen. Wenn man mit einem Fonduestab reinsticht, darf nichts vom Teig hängen bleiben.

Nachdem der Kuchen abgekühlt ist und die Form entfernt wurde, einmal in der Mitte waagrecht durchschneiden. Den unteren Boden mit Rum (Juhu!) beträufeln. Anschließend mit Marillenmarmelade bestreichen sowie bereits geschlagenem Schlagobers und dann den Deckel vorsichtig wieder daraufsetzen. So sieht es aus wie eine überdimensionale Milchschnitte – nur besser, weil eben mit Rum. Oben noch mal Schlagobers darüberstreichen und Kochschokolade darüberreiben.

Am besten die Torte danach für ein paar Stunden im Kühlschrank rasten lassen. Tada, fertig ist eine Torte, mit der Sie selbst die Omas und Opas dieser Welt tief beeindrucken werden. Mahlzeit!

Arbeit

In Oberösterreich arbeiten alle ständig und immer. Und wenn sie von der Arbeit nach Hause kommen, sprechen sie wieder von der Arbeit. Begriffe wie *Burn-out* oder *Work-Life-Balance* wecken höchstens ein süffisantes Grinsen über den arbeitsscheuen Teil der Gesellschaft. Hat man mal Freizeit, schneidet man die Hecken, baut einen Pool, mäht den Rasen, setzt noch mehr Sträucher, lässt den Pool ein, baut ein Gartenhaus, danach eine Doppelgarage, schüttet den Pool wieder zu, setzt die Hecke um. Im nächsten Jahr geht wieder alles von vorne los.

Nichts ist so wichtig wie das Arbeiten selbst. Wer nicht hackelt (also arbeitet), gilt als faul, ja nutzlos. Arbeit ist der Grund der menschlichen Existenz. Faulheit zählt als die größte Sünde. Darum werden Pool und Garten eben so lange perfektioniert, bis sie den Bildern der Wohlfühloasen entsprechen, die man aus Entschleunigungsmagazinen kennt. Dahinter steckt natürlich das genaue Gegenteil von Entschleunigung, doch das fällt nicht weiter auf, denn zum Nachdenken bleibt eh keine Zeit. Und zum Genießen sowieso nicht.

Wenn man dann doch mal auf der Liege im Garten liegt, der saubere Pool vor sich hin plätschert, beginnt der eine Nachbar mit dem Rasenmähen und der andere mit dem

Holzhäckseln. Dann heißt es schnell wieder aufstehen. Bevor noch jemand mitbekommt, dass man gerade gar nichts getan hat. Der Garten wurde schließlich nicht zum Faulenzen geschaffen!

Am Land geht es darum, was man leistet. Und damit ist nicht unbedingt die Arbeit zum Geldverdienen (die ist ja wohl das Mindeste!) oder der Nutzen für die Menschheit (das können auch andere machen, man kann sich ja nicht um alles kümmern!) gemeint, sondern die Arbeit als Gegenteil von faulenzen. Das Hausbauen gilt dabei als die Königsdisziplin. Ein eigenes Haus ist am Land eh normal, es ist die Bedingung, um am sozialen Leben überhaupt teilzunehmen. Die Krönung ist es, wenn man das Haus selbst gebaut hat. Es bedeutet materielle Sicherheit, aber gleichzeitig, und das ist vielleicht wichtiger, stellt es die Versorgung mit Arbeitsmöglichkeiten für das ganze restliche Leben sicher. Denn ist das Haus erst mal fertig, beginnt die wahre Arbeit. Man muss die drei Stockwerke mit goldenen Türmchen ständig putzen. Ausbauen, umbauen und dann wieder putzen. Zum Glück gilt die Arbeit am Haus als anerkanntes Hobby. Denn für irgendwas anderes würde nun wirklich keine Zeit mehr bleiben.

Es fällt den Menschen sowieso eher schwer, zu fragen, wie es jemandem wirklich geht. Darum fragt man lieber nach der Doppelgarage. Ob die schon fertig ist? Ja, schön. Und der Pool. Ja, das Laub im Herbst ist ein Hund. So viel Arbeit dieser Pool. (Meine Eltern wussten das!) Jeden Tag müssen wir ihn säubern! Die Kinder gehen sowieso nur ins Freibad. Und dann erst das Auslassen vor dem Winter. So viel Arbeit, ich sag es dir, ein Wahnsinn! Nächsten Sommer machen wir einen Schwimmteich daraus.

Ausgehen

Geht sich das aus? Wenn man die Österreicher*innen fragt, antworten sie immer: Ja! Also fast immer. Also meistens. Und wenn nicht, ist es eh auch wurscht. Mit dem Wort »ausgehen« meint man nicht feiern gehen oder rausgehen, sondern ob etwas machbar ist.

Man benutzt die Wendung beispielsweise, wenn man eine Kollegin fragt, ob man noch schnell eine rauchen geht vor dem Meeting. Oder ob das Geld für Urlaub auf Ibiza und einen neuen Golf reicht. Geht sich das aus? Fix geht sich das schon alles irgendwie aus!

Es gibt leider keine Übersetzung ins Hochdeutsche, die der Phrase gerecht werden würde. Darum fragen Deutsche auf die Frage gerne: Wer geht wohin? Man könnte nun sprachgeschichtlich ableiten, woher das Wort kommt und warum sich diese Fügung in Österreich entwickelt hat. Das mache ich an dieser Stelle aber nicht. Ich denke, dass der Grund in der österreichischen Mentalität liegt. Der Satz funktioniert in Deutschland rein inhaltlich nicht. Er würde nach einer konkreten Antwort fragen, wie zum Beispiel, dass es eben nicht sinnvoll ist, jetzt noch rauchen zu gehen, wenn in drei Minuten das Meeting beginnt. Oder dass das Geld sicher nicht für ein neues Auto und Urlaub in einer Villa reichen wird. Und hier ist der springende Punkt: Wer die Phrase in Österreich benutzt, will gar nicht wissen, was sich nun ausgeht oder eben nicht. Es ist vielmehr eine Alibifrage direkt aus der österreichischen Seele. Sie wird gestellt, um die Berechtigung für etwas zu bekommen, was man ohnehin gemacht oder zumindest versucht hätte. Ernsthaftes Feedback ist nicht nur komplett unnötig, sondern wirklich unhöflich.

Man will sich das Leben nicht schwieriger machen, als es ohnehin schon ist. Es wird sich alles schon irgendwie ausgehen. Das nennt sich dann der Austrian Way of Life, das carpe diem der Alpen oder veni, vidi, eh schon alles wurscht.

Ball

Österreich liebt Bälle. Mit dem Faschingsbeginn im November startet auch die Ballsaison. Bis in den Frühling finden im ganzen Land unzählige Bälle statt. Sie tragen niedliche Namen wie Zuckerbäckerball, Rauchfangkehrerball, Tirolerball, Ländle-Ball, Jägerball oder Blumenball. Die bekanntesten sind aber: der Wiener Opernball und der Akademikerball. Egal, ob Rauchfangkehrer*in, Zuckerbäcker*in, Promi oder Nazi, in Österreich gibt es garantiert für alle, die man hier haben möchte, den passenden Ball.

Einige der Bälle werden in der Hofburg gefeiert – der ehemaligen Kaiserresidenz und dem heutigen Arbeitsplatz des Bundespräsidenten. Auf den Bällen spielt man Monarchie und man tut alles dafür, die Zeit zurückzudrehen. Die Frauen müssen bodenlange Kleider tragen, die Männer Frack oder Smoking und Kummerbund. Auf den Bällen wird Walzer gespielt und Debütant*innen tanzen auf. So ein Ballabend in Wien ist in erster Linie sehr teuer. Schließlich will die Oberschicht unter sich bleiben. Neben den Tickets, die man selbstverständlich kaufen muss, müssen Roben gemietet werden, dazu kommen noch etwaige Tischreservierungen. Für ein Glas Sekt und ein Paar Würstel blättert man locker mal 20 Euro hin.

Der Opernball gilt als absoluter Höhepunkt der Ballsaison und findet jedes Jahr in der Wiener Staatsoper am Ring statt. Vom »Ball der Bälle« säuseln die Medien. Klatschblätter füllen ihre Seiten in den Wochen davor und danach mit potenziellen Gästen aus dem Ausland und verschiedenen Outfits. Wer kommt mit wem, sieht wie aus und sitzt neben wem? Offiziell feiert man an diesem Abend im Februar die Kultur und Kunst Österreichs. Inoffiziell trifft sich dort die Bussi-Bussi-Gesellschaft. Heiß umstritten sind dabei die Plätze der 150 Paare, die an diesem Abend debütieren, also in die Gesellschaft eingeführt werden. Sie sind das Schlagobers der österreichischen Gesellschaft, weiß und steif. Die jungen Frauen tragen bodenlange weiße Kleider, identische Hochsteckfrisuren und Diademe. Die jungen Männer Frack und weiße Handschuhe, und manchmal wedeln sie auch mit weißen Fächern herum. Die Logen sind an diesem Abend ebenfalls heiß begehrt und kosten schon mal 23000 Euro. Alle wichtigen Unternehmer*innen, Kunstschaffenden, Politiker*innen, Stars und Sternchen sind anwesend. Der Ball beginnt aber erst, wenn der Bundespräsident eingetroffen ist. Dann singen alle die österreichische Bundeshymne und anschließend die Europahymne. Danach trällern Opernstars und das Wiener Staatsballett tritt auf. Alles Negative wischt man an diesem Abend zur Seite. Als die Tanzakademie der Wiener Staatsoper 2019 mit schweren Missbrauchsvorwürfen konfrontiert wurde, sagten die Kommentatoren im Fernsehen: »Daran wollen wir heute nicht denken«, und schwärmten weiter über die Eleganz der Tänzerinnen.

Seit mehr als 60 Jahren findet der Ball nun statt. Dabei geht es nicht nur darum, das Tanzbein zu schwingen, des Öfteren wird es auch ziemlich politisch, unfreiwillig, versteht sich. Wie etwa 1987, als Atomgegner*innen zum Protest aufriefen, weil der bayerische CSU-Ministerpräsident Franz Josef Strauß den Ball besuchte, der sich für die atomare Wiederaufbereitungsanlage Wackersdorf einsetzte. Ab 1989 richteten sich die Demos unter dem Motto »Eat the Rich« direkt gegen den Ball. Ab den 2000er-Jahren demonstrierten vor den Türen der Hofburg Tausende gegen die Regierung von ÖVP und FPÖ. Der Schauspieler Hubert Kramar kam damals als Hitler-Double auf den Ball, um auf die rechtsextremen Tendenzen in der Regierung aufmerksam zu machen.

Richard Lugner, berühmt-berüchtigter Wiener Bauunternehmer, lädt jedes Jahr einen prominenten Gast ein. Als 2014 Kim Kardashian mit ihm den Ball besuchte, traf sie auf einen österreichischen Fernsehmoderator, der sich als ihr Mann Kanye West verkleidet hatte, einen weißen Pimp-Anzug trug und sein Gesicht schwarz angemalt hatte. Kardashian reiste, schockiert über den Rassismus, früher ab.

Fast ebenso bekannt ist der Akademikerball. Anders als sein Name vermuten lässt, feiert dieser Ball nicht die Bildung, sondern er ist eines der wichtigsten Netzwerktreffen der Rechten. Ursprünglich hieß der Ball auch Ball des Wiener Korporationsrings (WKR-Ball), was besser beschreibt, was an diesem Abend in den Hallen der Hofburg passiert. Die Burschis erscheinen in ihrer Montur, inklusive Burschenschafterkappen und Bändern (→ *Vaterland*). Frauen begleiten sie in Abendrobe. Darunter auch immer wieder mal internationale Rechte wie etwa Marine Le Pen. Gemeinsam huldigt man den schlagenden Studierendenverbindungen im Land.

Als sich die prestigeträchtige Hofburg weigerte, die Veranstaltung dort weiter stattfinden zu lassen, änderte man einfach den Namen. Nun veranstaltet ganz offiziell die FPÖ den Ball und sie lädt weiterhin Rechtsextreme zum gemeinsamen Walzertanzen nach Wien ein. Regelmäßiger Gast ist auch Martin Sellner, Sprecher der Identitären. Ja genau, der Typ, der vom Christchurch-Attentäter Geld erhielt und ihn in Wien auf »einen Kaffee oder ein Bier« treffen wollte. Im Jahr darauf ermordete der eine fünfzig betende Muslim*innen, der andere besuchte wie gewohnt den Akademikerball.

Bundesländer

Österreich ist ein Schnitzel. Zumindest von oben betrachtet. Links daneben liegt der Kartoffelsalat, Deutschland. Daneben die Preiselbeermarmelade, Liechtenstein. Das Schnitzel selbst ist nicht recht groß, ja sogar ziemlich klein, und es teilt sich noch mal in neun einzelne Stücke. Die Regierenden der Bundesländer verwalteten einst wie kleine Kaiser ihre Reiche und noch heute ist der Einfluss der Landespolitik groß. Die Bundesländer unterscheiden sich nach eigener Definition extrem voneinander. Dialekt, Bräuche und Speisen sind immer besonders schön, da wo man selbst herkommt. Eh klar. Dadurch wird aus Herkunft automatisch Identität. Ich zum Beispiel spreche einen astreinen oberösterreichischen Dialekt, der bei einigen Wiener*innen automatisch ein Augenrollen erzeugt. Vorurteile gibt es mehr als genug. So hasst zum Beispiel ganz Österreich Wien. Während man in der Stadt sagt: »Wien darf nicht Österreich werden!«

Als Faustregel gilt: In **Wien** geht's um ois und im Rest von Österreich um nix. Selbsterklärend. Zumindest denken das die Wiener*innen. Und davon gibt es (ihrer Meinung nach) viel zu wenige. Denn unter den Einwohner*innen der Bundeshauptstadt sind viel zu viele Zuagroaste (also Zugereiste). Damit meint man nicht unbedingt Menschen mit

Migrationsgeschichte, sondern schon die aus Niederösterreich. Wir vom Land sind der Bundeshauptstadt nämlich nicht würdig. Wir stehen auf der Rolltreppe auf der falschen Seite (also links) und in der Tür der U-Bahn sowieso. Wien ist das Epizentrum der Welt. Nirgendwo anders lebt es sich so schön, schmeckt der Kaffee so herrlich und gedeiht die Kultur so prächtig. Wien ist nicht besonders österreichisch und bildet sich darauf auch einiges ein.

Fangen wir aber beim unnötigsten aller Bundesländer an: **Niederösterreich**. Es ist von der Fläche her das größte Bundesland und hat trotzdem nichts zu bieten. Städte wie St. Pölten und Amstetten haben vergessen, die Hand zu heben, als die schönen Flecken Erde verteilt wurden. Einzige Ausnahme ist die Wachau. Zu dieser Region gehören einige kleine Orte an der Donau. Dort ist es nicht nur wunderschön, dort schmecken der Wein und das Speckbrot besonders gut. Das wissen natürlich alle, darum macht hier die halbe Welt Urlaub, und viel zu teuer ist es da sowieso. Darum trifft man dort auf die Schickeria des Landes. So trinkt man sein Glas Riesling eben neben den Chefredakteuren österreichischer Tageszeitungen. Die Dichte von weißen Hemden und rosa Polos ist dort besonders hoch. Ein großer Vorteil des Bundeslandes Niederösterreich ist aber, dass man dort eigentlich ganz günstig wohnen kann. Ach ja, und es besitzt sehr viele sehr gut ausgebaute Keller.

So einige werden nun zu Recht anmerken, dass ich gar nicht groß lästern dürfe. Schließlich stamme ich aus **Oberösterreich**. Da wo ich herkomme, wird jetzt auch nicht unbedingt die Österreichwerbung gedreht. Mein Dorf liegt zwischen dem Geburtsort von Hitler und einer großen Stahlproduktionsfirma. Auch dieses Bundesland hat hässliche Flecken – wie Braunau und Wels, das einen FPÖ-Bürgermeister hat. Passenderweise sprechen wir den Namen auch maximal unschön aus: »Wöß«. Also alles auch nicht sehr viel besser, aber eben nicht so beschissen wie Niederösterreich. Zumindest gibt es ein paar schöne Seen wie den Attersee und den Traunsee. Im Salzkammergut befindet sich außerdem noch einer der größten Touri-Magneten überhaupt: Hallstatt. Wo sich ein Ort und die Alpen so beeindruckend in einem See spiegeln, dass das Ganze in China nachgebaut wurde. Und an der nordwestlichen Grenze Oberösterreichs liegt immerhin das hübsche deutsche Städtchen Passau.

Apropos Piefke: Als fast schon Deutsche werden die Menschen aus dem Bundesland **Salzburg** gesehen. Nahe an der Grenze zu Deutschland, da kommt auch Mozart her, erstreckt sich eine idyllische Stadt namens Salzburg. Salzburg ist das München Österreichs. Darum mag man sich.

Östlich davon ist die **Steiermark**. Dort gibt es viele grüne Wiesen und endlose Äcker. Der Dialekt klingt, als würden die Steirer*innen bellen – oder eben »bölln«, wie sie selbst sagen würden. Ich datete mal einen Typen aus der Umgebung von Graz, der, wenn er besoffen war, seinen Dialekt nicht mehr verstecken konnte. Dann versuchte er, mir ins Ohr zu flüstern, bellte stattdessen: »Du bist vui schen, goiw!« (Also: »Du bist voll schön, gell?«) Halt gar nicht sexy, goiw.

Ganz im Osten erstreckt sich das **Burgenland**. Das vergisst man leicht mal zu erwähnen. Denn dort geht es tatsächlich um noch weniger als in Niederösterreich. Das Bundesland hat nicht mal eine Hauptstadt, denn als das kann man Eisenstadt nun wirklich nicht beschreiben. Das einzig

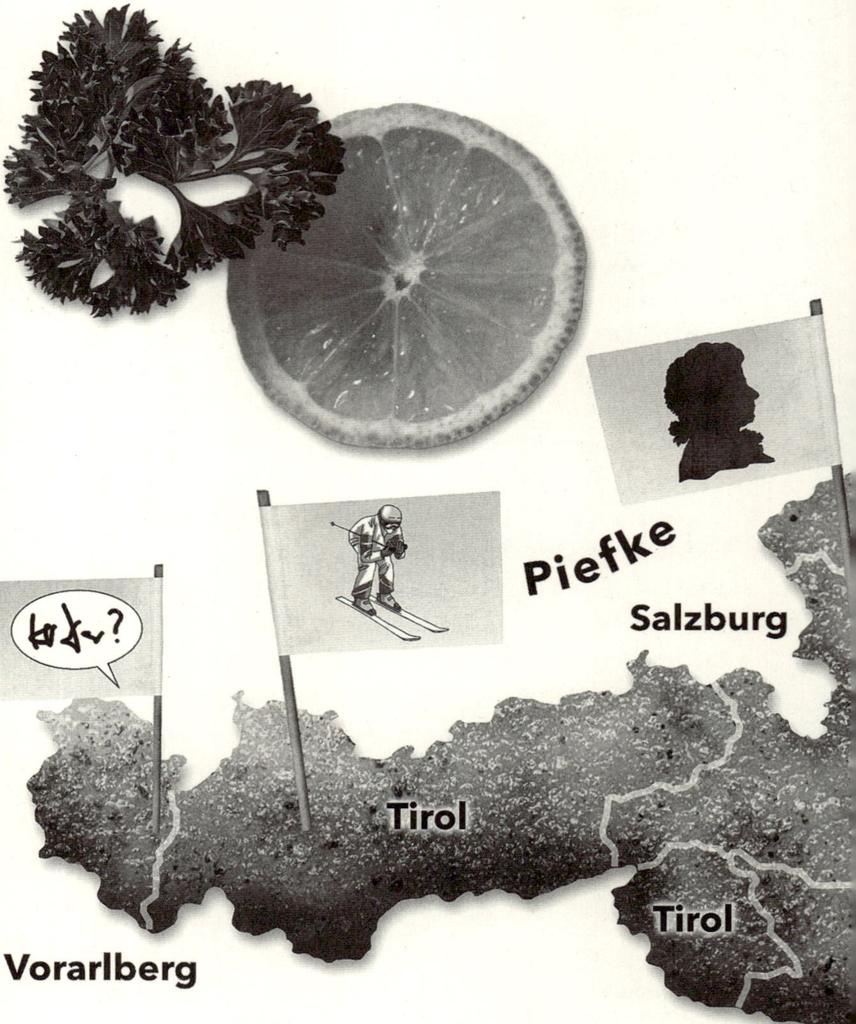
Piefke
Salzburg
Tirol
Tirol
Vorarlberg

Nieder-
österreich
Wien
Ober-
österreich
Burgen-
land
Kärnten
Steiermark

Besondere dort ist, dass man Österreich schnell in Richtung Ungarn verlassen kann. Ach ja, und der Neusiedler See. Auch das Meer der Wiener*innen genannt. Doch die aus der Stadt will man da eigentlich nicht sehen.

In **Kärnten**, Österreichs südlichstem Bundesland, könnte man der Dolce Vita frönen. Bei angenehmen Temperaturen den herrlichen Wein schlürfen. Oder mit dem Boot über den Wörthersee cruisen. Doch leider ist das Bundesland ständig pleite und in zahlreiche Korruptionsskandale verwickelt (→ *Causae*). Hier war auch Jörg Haider einst Landeshauptmann. Dort war es auch, wo bis 2019 ein Hakenkreuz an einer Burg prangte. Hier findet auch jedes Jahr eines der größten Neonazifeste Europas statt, selbstverständlich unter dem Deckmantel der katholischen Kirche. Na ja, aber abgesehen davon ist es dort eh ganz nett.

Im Westen folgt das Bundesland **Tirol**. Die Hauptstadt Innsbruck ist eine kleine Stadt, die komplett von Bergen eingekesselt ist. Es gibt kein Entkommen und keinen Platz zum Denken. Bei mir führt dieses Gefühl der Enge direkt zu Panikattacken, andere empfinden das als idyllisch: Hauptsache, nichts Neues kommt rein. In Tirol gibt's nämlich eh genug zu tun. Also Sport, im Sommer, Winter und dazwischen und sowieso immer, sodass man sich wie in einem Red-Bull-Werbespot fühlt. Ach ja, und dort war es auch, in Ischgl in der legendären Bar namens Kitzloch, wo sich beim Après-Ski das Coronavirus munter verbreitete. Ich sag ja, in Tirol gibt es kein Entkommen. Außer eben für ein Virus.

Und dann ist da noch **Vorarlberg** ganz im Westen und fast verdeckt vom Kartoffelsalat. Die Landschaft im »Ländle«, wie die Bewohner*innen es nennen, sieht endlich wirklich mal aus wie einer Österreichwerbung entsprungen.

Mehr kann ich über das Land nicht erzählen, da auch ich die Sprache nicht verstehe. Sie sagen »Gigalar« zum Hahn, »Gäalrüaba« zur Karotte und »Mutz« zum Kuss – und ich bin raus.

Eins noch: Weil mir eine Freundin erklärte, dass sie nach Österreich fährt und dann in **Südtirol** war: Leute, Südtirol ist kein Teil von Österreich mehr (auch wenn die FPÖ sich das wünscht). Wir haben schließlich nicht 1918.

Brautstehlen

Ich kenne einige Bräute, die auf keinen Fall gestohlen werden wollten und auf ihrer eigenen Hochzeit dann doch plötzlich verschwunden waren. Hier sind wir bei einer sehr alten Tradition angelangt, die es früher auf allen Hochzeiten in Österreich, aber auch in manchen Regionen Süddeutschlands und der Schweiz gab und die auch heute noch stattfindet. Die Braut wird dabei auf ihrer eigenen Hochzeitsfeier mal eben gestohlen. Das klingt arg, ist es auch, aber nicht ganz so, wie man denken würde.

Meist wird sie nämlich von den besten Freund*innen oder eben Trauzeug*innen in ein Lokal oder einen Weinkeller entführt. In manchen Gegenden aber auch von Menschen, die gar nicht zur Hochzeit eingeladen sind. Einige andere Gäste dürfen bei der Entführung mitmachen und zu diesem Anlass dann auch ordentlich saufen. Die Zeche zahlt am Ende entweder der*die Entführer*in, der Bräutigam oder der Brautvater. Der Bräutigam muss seine Frischvermählte natürlich suchen und schließlich »auslösen«. Hierfür gibt es einige unterschiedlich grausame Varianten. Manchmal kommt der Bräutigam mit Schnapstrinken durch, mal muss er singen, irgendwelche beschämenden Spiele gewinnen oder zehn Gründe nennen, warum er die Braut zurückwill.

Der Ursprung des Brauchs ist umstritten. Alle Theorien enthalten auf irgendeine Weise *Rape Culture* und Sexismus. Eine besagt etwa, dass der Brauch auf das »Recht auf die erste Nacht« im Mittelalter zurückgeht. Demnach gehörte in der ersten Nacht die Braut dem Grundherrn. Mittlerweile weiß man, dass es ein derartiges Gesetz nie gegeben hat. Trotzdem erzählt man sich von derartigen Bräuchen. Eine weitere Theorie besagt, dass in der Vergangenheit Bräute von ihrem Bräutigam gestohlen werden mussten, weil die Eltern der Hochzeit nicht zugestimmt hätten und die Braut ansonsten zwangsverheiratet worden wäre. Oder vielleicht hängt alles mit dem Brautstehlen bei Raubzügen zusammen, wo Frauen gestohlen und vergewaltigt wurden.

So oder so klingen die Geschichten jetzt nicht nach romantischer Inspiration für das Wedding-Moodboard. Und wem dieser Hintergrund egal ist, der ist trotzdem vom Brautstehlen genervt, weil es die Hochzeitsfeier zerreißt. Plötzlich ist die Hälfte der Menschen an einem anderen Ort und die Braut verpasst ihre eigene Feier. Denn auch wer mehrmals klarstellt, nicht gestohlen werden zu wollen, kann nie wissen, ob der Wunsch erhört wird. Kein Mitspracherecht zu haben, ist schließlich der entscheidende Punkt beim Kidnapping.

Causae

Um nicht andauernd von Skandalen und Affären sprechen zu müssen, und damit nicht immer alles so wahnsinnig negativ klingt, erfand man in Österreich den Begriff Causa. Im Lateinischen und in der Rechtssprache bezeichnet das Wort den Grund für etwas. Umgangssprachlich ist es aber einfach nur ein Skandal, also der Grund, aus dem über etwas geredet wird. Dabei geht es in Österreich erstaunlich oft um Geld, das in Sackerl, Kuverts oder Sporttaschen aufbewahrt wird, oder eben gleich um gebunkerte Goldbarren. Schon lange vor einem gewissen feuchtfröhlichen Abend in einer Villa auf Ibiza waren Causae ein fester Bestandteil des politischen Alltags.

Die Causa Casinos

»Lieber Hartwig, herzlichen Dank für deine Unterstützung bezüglich CASAG! Liebe Grüße HC«, schrieb Heinz-Christian Strache in einer SMS. Die Nachrichten zwischen dem Ex-Vizekanzler Heinz-Christian Strache (FPÖ) und dem ehemaligen Finanzminister Hartwig Löger (ÖVP) lassen durchscheinen, dass es bei der Besetzung des Casinos-Vorstandes einen Deal gegeben haben könnte. Der gewünschte Kandidat war Peter Sidlo (FPÖ-Bezirksrat). Besondere

Qualifikationen hatte er jetzt nicht unbedingt. Oder wie er selbst es in einer Nachricht an Strache formulierte: »Erzähl ihm halt, wie toll ich bin.« Die Strategie scheint funktioniert zu haben. Sidlo wurde Casinos-Vorstand. Bis die Nachrichten ans Licht kamen und er 2019 abberufen wurde. Die Verfahren laufen.

Die Causa Goldbarren

In einer Pension namens Enzian in Osttirol hortete die Wiener FPÖ ihre Goldbarren. Zu den Tresoren hatten nur vier Personen Zugang, unter ihnen der ehemalige Wiener FPÖ-Vizebürgermeister Dominik Nepp. Durch die Ermittlungen in der Causa Casinos stieß man auf Gerüchte über die Existenz von Goldbarren. Bei einer Razzia musste Nepp der Polizei den Tresor öffnen, in dem sich mehrere mit Gold gefüllte Metallkassetten befanden. Beamte nahmen sie mit nach Wien und stellten sich die Frage: Woher stammt dieses Gold? Die Partei sagt, dass sie legales Parteivermögen für schlechte Zeiten gebunkert habe. Woher das Gold nun wirklich kommt, bleibt bisher unklar. Die FPÖ hortete dort nicht nur ihr Gold, sondern plante angeblich auch, dort die FPÖ-Spitze im Fall einer Katastrophe oder eines Bügerkriegs unterzubringen. Der in der Pension angemeldete parteinahe Verein setzt sich für die »Unterstützung des Brauchtums im Defereggental« sowie für die »Pflege kultureller und gesellschaftlicher Kontakte« ein. Und wer zweifelt schon daran, dass sich mit Gold ganz ausgezeichnet Kontakte pflegen lassen.

Die Schredder-Affäre

Auch »Reißwolf-Affäre« genannt, beschreibt den Skandal rund um Druckerfestplatten, die Sebastian Kurz' ÖVP kurz nach dem Auffliegen des Ibiza-Skandals vernichten ließ. Auf Videos sieht man, wie ein Mitarbeiter der ÖVP, Arno M., die Festplatten zur Vernichtung bei einer Firma vorbeibringt. Unter falschem Namen, versteht sich. Natürlich ist es selbst in Österreich nicht üblich, dass eine Regierungspartei ihre Daten heimlich und anonym vernichtet. Der Skandal kam nur ans Licht, weil der Mitarbeiter vergaß, die Rechnung über 76,45 Euro für die heimliche Vernichtung zu begleichen. Jemand aus der Firma sah schließlich Arno M. im Fernsehen und erstattete Anzeige. Das Verfahren wurde mittlerweile eingestellt. Die Daten konnten nicht rekonstruiert werden. Was wohl auf den Druckerfestplatten war? Arno M. arbeitet mittlerweile wieder für die Partei, ist auch öfters im Fernsehen zu sehen und wurde sogar zum Referatsleiter befördert. Hoffentlich sind derzeit alle Rechnungen bezahlt.

Die Silberstein-Affäre

Gegen Ende des Wahlkampfs 2017 kam auf, dass die SPÖ (also die Sozialdemokratische Partei Österreichs) massives *Dirty Campaigning* betrieb und dafür den israelischen Politikberater Tal Silberstein engagiert hatte. Über anonyme Facebook-Seiten startete die Partei eine Kampagne gegen Sebastian Kurz, als dieser gerade die ÖVP übernommen hatte. Anfangs rechnete man die Seiten noch der FPÖ zu, weil sie so stark unter der Gürtellinie agierten, also tief waren. Dazu gehörte zum Beispiel die Facebook-Seite »Die Wahrheit über Sebastian Kurz«, die ihn abwechselnd als Marionette, Pinocchio oder als Baby auf dem Arm von Ex-Bundeskanzler Wolfgang Schüssel zeigte. Diese Causa machte später auch den Antisemitismus in Österreich sichtbar. Sebastian Kurz sprach davon, dass die Wahl entscheide, »ob wir die Silbersteins in Österreich wollen«. Der ehemalige Grünen-Politiker Peter Pilz meinte, er wolle Österreich »Silberstein-frei« machen – was viele an Nazislogans erinnerte. Auch bei der Veröffentlichung des Ibiza-Videos wärmten mehrere Parteien Begriffe wie »die Silberstein-Methode« auf.

Die Causa BUWOG

Dieser Skandal drehte sich um die Privatisierung von Zigtausenden Staatswohnungen. Als sie verkauft wurden, soll der Immobilien-Tycoon Karl Petrikovics einen Hinweis bekommen haben, weshalb er die Wohnungen schließlich für durchschnittlich nur 16000 Euro kaufen konnte. Der Tipp soll über Umwege vom damaligen Finanzminister Karl-Heinz Grasser gekommen sein. Dieser bestreitet das, zahlte aber in den Jahren danach 500000 Euro auf sein Konto ein. Die Prozesse dazu ziehen sich schon über Jahre und werden auch noch andauern. Grasser sagte aus, dass ihm seine Schwiegermutter das Geld zum Anlegen gegeben hätte. So fuhr er eben mit einer halben Million in bar aus der Schweiz nach Österreich. Wer macht das nicht hin und wieder?

Die Waldheim-Affäre

Ab Mitte der 80er-Jahre wurde nicht nur in Österreich diskutiert, ob und wie schwer Kurt Waldheim in Kriegsverbrechen der Nazis verstrickt war. Der ehemalige UN-Generalsekretär wollte Bundespräsident werden. Waldheim soll über die Deportation Tausender griechischer Juden und Jüdinnen im Frühjahr 1943 zumindest informiert gewesen sein. Zu den Anschuldigungen sagte er: »Ich habe im Krieg nichts anderes getan als Hunderttausende Österreicher auch, nämlich meine Pflicht als Soldat erfüllt.« Seine Partei bewarb ihn damals mit den Slogans: »Ein Österreicher, dem die Welt vertraut« und »Waldheim – Jetzt erst recht«. Der Skandal gilt als Wendepunkt in der Frage des sogenannten Opfermythos. Denn wie glaubhaft ist es, dass ein Land immer nur Opfer gewesen sein will, wenn es doch von einem Bundespräsidenten repräsentiert wird, der über Kriegsverbrechen zumindest Bescheid wusste und dafür keine Verantwortung übernehmen wollte? Waldheim wurde trotzdem zum Bundespräsidenten gewählt. Heinz-Christian Strache klaute ihm viele Jahre später übrigens den Slogan und schrieb zwei Tage nach Veröffentlichung der Ibiza-Tapes: »FPÖ – Jetzt erst recht!«

Die Causa Hypo Alpe Adria

Einer der vielleicht kompliziertesten Skandale Österreichs ist die Causa rund um die Bank Hypo Alpe Adria. Ganz einfach ausgedrückt: Das Bundesland Kärnten war größenwahnsinnig und lebte auf viel zu großem Fuß. Konkret ging es schließlich um die Haftung von 20 Milliarden Euro:

2009 wurde die Bank verstaatlicht und seither kostet das Österreich unglaublich viel Steuergeld. Die Causa ist jedoch nicht nur ein Bankenskandal, sie liefert Stoff für einen ganzen Hollywoodstreifen. Mutmaßliche Korruption, Geschäfte mit der Balkanmafia und illegale Parteienfinanzierung. Die Prozesse ziehen sich nun schon über Jahre und so gut wie niemand hat noch den Überblick über die zahlreichen Akteur*innen. Die Aufklärung stellt sich besonders schwierig dar, da einer der Hauptprotagonisten, Landeshauptmann Jörg Haider, nicht mehr befragt werden kann (→ *Jörg Haider*). Aus Unmut begannen Menschen, beim Vorbeifahren an der Hypo-Zentrale in Klagenfurt zu hupen. Das könnte man als Protestmaßnahme bei Skandalen gut ausweiten. Doch dann würde man in Österreich vor lauter Hupen vielleicht gar nichts mehr hören.

Charmed

Ich wünschte mir immer, zaubern zu können – die Zeit anzuhalten, mich wegzubeamen oder zumindest in die Zukunft sehen zu können. Lange war ich davon überzeugt, dass es irgendwann auch klappen würde. Ich war besessen von *Charmed*. Einer Serie aus den 2000ern. Sie handelte von drei Schwestern, die Hexen sind. Eine ganze Generation kam an der Soap nicht vorbei. Alle rund um mich schauten die sieben Staffeln im Fernsehen.

Da man damals noch von den Sendezeiten im Fernsehen abhängig war und nicht selbst entscheiden konnte, wann man sich was auch immer auf Netflix reinzieht, gab es fixe Zeiten, zu denen wir immer vor dem Fernseher saßen. Meistens am Nachmittag. Am liebsten sah ich dann *Charmed, Sabrina – Total verhext!* und *The Tribe*. In den ersten beiden Serien geht es um Hexen, in letzterer um eine Welt, in der durch eine Pandemie alle Erwachsenen sterben und Kinder und junge Erwachsene die Welt regieren. Was heute einen bitteren realen Beigeschmack hat, ermöglichte in unserer Fantasie eine Welt ohne Regeln.

Wann immer ich mir diese Serien anschauen durfte, tat ich es. Die restliche Zeit verbrachte ich damit, sie mit Freundinnen nachzuspielen. Ich spielte am liebsten mit einem Mädchen aus dem Nachbardorf, mit dem ich in den Kindergarten und später zur Schule ging. Dani hatte immer die schönsten Frisuren. Perfekt geflochtene Zöpfe, mit Schmetterlingsspangen fixiert. Zwischen alten Holzdielen, Sperrmüll und Gartengeräten erschufen wir eine eigene Welt auf dem Dachboden. Wir verstanden uns gut. Denn sie wollte immer Piper spielen und so blieb mir die sonst heiß umkämpfte Rolle der Phoebe. Phoebe verkörperte in der Serie die jüngste Schwester, die ständig Blödsinn machte, sich auf die falschen Männer einließ und sich an keine Regeln hielt. Sie konnte ihre Kraft nicht steuern, ihre Zukunftsvisionen erschienen unkontrolliert. Der Charakter war extrem populär, allein schon weil Alyssa Milano die Rolle spielte. Piper hingegen war die fürsorgliche große Schwester, die manchmal etwas langweilig war, aber dafür die Zeit anhalten konnte. Was als Kraft natürlich extrem fetzte.

Für Freundschaften war es elementar, dass man nicht der gleiche Charakter einer Serie sein wollte, denn sonst endete jedes Playdate in einem großen Streit. Wir verkleideten uns, sammelten Kräuter und Blumen, um daraus Zaubertränke zu machen. Die Pampe füllten wir in Marmeladengläser, wo sie blieb, bis sie schimmelte. Genau wie in der Serie führten wir ein sogenanntes *Buch der Schatten* mit unseren Zaubersprüchen und Rezepten. In den Sommerferien verbrachten wir trotz strahlendem Sonnenschein ganze Tage auf dem staubigen Dachboden. Und irgendwann dachten wir, dass es nun so weit war. Schließlich war ausgerechnet ein Liebeszauber in Erfüllung gegangen und mein Schwarm hatte sich in mich verliebt. Für uns war das der Beweis. Ab jetzt würde sich alles ändern. Denn ab jetzt funktionierten unsere Zauberkräfte.

Cola mit Ice

Seit der Volksschule hatte ich eine Freundin. Ich nenne sie Maria. Sie war schon immer anders drauf als die braven Mädchen, die ich sonst kannte. Sie war ziemlich frech und vorlaut und alles andere als langweilig, und das gefiel mir. Ihre Haare waren braun, in ihrem Gesicht tummelten sich Sommersprossen und sie lachte viel. An den Handgelenken trugen wir ein Freundschaftsband aus vielen bunten Perlen mit dem Namen der anderen Person darauf. Sie liebte Spaghetti, Pink, Robbie Williams und die Serie *Sabrina – Total verhext!*.

Ich war gerne bei Maria zu Hause. Sie lebte in einem neuen Fertighaus, nur zehn Minuten mit dem Auto entfernt. Im Kühlschrank gab es immer Cola oder andere Softdrinks. Ihre Eltern waren wenig zu Hause. Während meine Eltern beide als Lehrer*innen arbeiteten und immer freihatten, wenn ich auch nicht in die Schule musste. Im Garten liefen Meerschweinchen und ein Hase herum, im Wohnzimmer gab es einen gelben Papagei, der »Hallo, hallo, hallo« sagen konnte, und durch das Haus jagte ein aufgeweckter Yorkshireterrier.

Wir lagen stundenlang vorm Fernseher, aßen Chips, tranken Cola mit Ice, lange bevor Money Boy darüber rappte, während der Hund mit einer Zunge rau wie Schmirgelpapier meine Hände ableckte. Wir analysierten alles und jede*n – vor allem uns selbst. Unser größter Wunsch war, möglichst schnell älter zu werden. Am liebsten hätten wir geraucht, wie es in Marias Familie jede*r tat. Weil uns mit zehn aber niemand Zigaretten gegeben hätte und Marias Eltern ihre schon präventiv zählten, zündeten wir Räucherstäbchen mit Vanilleduft an, versuchten, den Rauch zu inhalieren, und fühlten uns dabei verrucht und wahnsinnig cool. Mit ihr sah ich den ersten Porno meines Lebens. Freitagnachts liefen auf den deutschen Sendern Softpornos und wir saßen mit weit aufgerissenen Augen vor dem Fernseher. Wir konnten nicht wegsehen, aber auch nicht wirklich hinsehen. Zwei Frauen planschten in einem Whirlpool herum und wälzten sich danach in einem Himmelbett auf weinroten Seidenlaken. So musste Sex sein, dachten wir.

Mit zehn wechselten wir von der Volksschule im Ort in ein katholisches Privatgymnasium, das von einer Ordensgemeinschaft gegründet worden war und an dem früher auch Geistliche unterrichtet hatten. Bei einem Vorstellungsgespräch musste man als Kind den Direktor von sich überzeugen. Über die Eignung entschieden die Noten, aber sicher auch das Elternhaus.

Maria passte noch weniger dorthin als ich. Irgendwann schminkte sie ihre Augen immer dunkler, während die Shorts mit Fransen und die Spaghettiträgershirts immer kürzer wurden. Mit ihrer sinkenden Laune wuchs ihr Pony weiter über die Augen. Sie hasste alles und ich liebte sie dafür. Unsere Kindheit beendeten wir offiziell mit einem Foto. Während des Shootings saßen wir auf dem Trampolin meines Nachbarn. Unsere Augen waren mit dunklem Glitzer umrandet, die Innenlider bemalten wir dick mit schwarzem

Kajal. Während wir identische bauchfreie und knallorange Shirts trugen, blickten wir möglichst finster in den Selbstauslöser meiner kleinen Digicam.

Noch am selben Abend stellten wir die Fotos auf Szene1 (➔ Internet). Während die Jungs unserer Klasse ihr Leben nicht mehr packten und uns gleich mal als Schlampen bezeichneten, fanden wir die Bilder grandios und fühlten uns endlich ein bisschen erwachsen.

Duzen

»Wir sind hier nicht per Du!« Jede Person in Österreich hat diesen Satz wohl schon an den Kopf geworfen bekommen. Gern auch in der passiv-aggressiven Form: »Ich wüsste nicht, seit wann wir per Du wären!«

Bam! Damit sind die Hierarchien gleich mal abgesteckt. Ich bin hier oben und Sie da ganz unten. Nur damit wir uns darüber gleich mal klar sind. Darum gilt ungefragt zu duzen auch als absolute Beleidigung. In Österreich sind wir nicht per Du. Und mit Ihnen sowieso nicht! Was die Menschen natürlich nicht davon abhält, sich in der Sie-Form zu beleidigen.

Dieses Siezen geht Hand in Hand mit der Liebe für Titel. In einem Land, in dem sich beim Zahnarztbesuch die Wartenden mit ihren Titeln aufrufen lassen, als hätten sie ein Vorstellungsgespräch für die Geschäftsführung, bleibt die Fallhöhe zum Du eine hohe. Laut einer Studie halten mehr als die Hälfte der Menschen im Land den Titel für »eher wichtig«. Über 60 Prozent denken, dass Titelträger*innen beruflich erfolgreicher sind. Titel sind überhaupt das Wichtigste. Das Land liebt sie so sehr, dass es sogar eigene erfunden hat, zum Beispiel Hofrätin, Kommerzialrat, Bergrätin, Oberschulrat und Obermedizinalrätin. Wer einen Titel hat, wird eher ernst genommen. Darum spricht man auch den

Herrn Doktor und den Herrn Direktor und den Herrn Bürgermeister so an. Und selbstverständlich auch seine Frau. Bei uns im Dorf wird die Frau Doktor noch so genannt, auch wenn der Herr Doktor schon lange in Pension ist und sie sowieso nie irgendetwas mit Medizin zu tun hatte.

Titel und Siezen huldigen der Hörigkeit. Und Österreicher*innen lieben die Hörigkeit. Ganz automatisch erschafft man so Distanz. Ein weiterer Parameter im österreichischen Diskurs. Und der wichtigste Grund sowieso und überhaupt: Es war schon immer so.

Ich möchte dazu den vielleicht österreichischsten Brief aller Zeiten zitieren. »Sehr geehrter Herr Ingenieur XX!« So respektvoll beginnt die Mail eines Bürgermeisters im burgenländischen Oslip. Grundsätzlich nichts Ungewöhnliches. Wie bereits erwähnt, sind die Titel ja sehr wichtig. Zu Beginn erzürnt sich Stefan Bubich von der ÖVP darüber, dass ihn ein 72-jähriger Gemeindebürger geduzt habe. Nachdem diese Respektlosigkeit vom Tisch ist, kann der Bürgermeister endlich sagen, was ihm auf der Seele brennt: »Sie waren, Sie sind und Sie bleiben ein Schwein!« Dann bezeichnet er den Mitbürger seiner Gemeinde noch als »Arschloch« und erklärt ihm, dass er sich in seinem Alter nicht so aufregen solle, sonst sei es schnell mal vorbei mit einem. Am Ende zeichnet er die Mail mit der Grußformel: »Hochachtungsvoll Bgm. Stefan Bubich«.

Der darin Beschimpfte wandte sich an die Medien und veröffentlichte die wenig hochachtungsvolle Nachricht des Bürgermeisters und dieser entschuldigte sich dann sogar öffentlich. Derweilen sollte man dem Herrn Bürgermeister dankbar sein, dass er aufgezeigt hat, wie man in Österreich richtig kommuniziert. Denn wer folgende Regeln beachtet, kann danach doch alles sagen. Erstens: Alle sind per Sie. Zweitens: Titel und Berufsbezeichnungen müssen – wann immer möglich – genannt werden. Drittens: Wer die Etikette beachtet, darf auch beleidigen. Denn am Ende kann man viel ärgere Sachen raushauen, schließlich ist man ja eh noch per Sie miteinander, also doch ganz höflich.

Sie sehen das anders? Hochachtungsvoll, das ist ja mal Ihr Problem, Sie Sautrottel, Sie!

Dings

»Was Deutschland und Österreich trennt, ist die gemeinsame Sprache.« Dieses Zitat wird Karl Kraus zugeschrieben. (So ganz sicher ist man sich nicht. Vermutlich war er es gar nicht. Man weiß aber eben nicht, woher es sonst kommt, und zu Kraus passt es, also geht sich das schon aus.) Auch wenn man in der Alpenrepublik schon immer anders sprach, erschien erst nach dem Zweiten Weltkrieg das erste österreichische Schulwörterbuch. Man versuchte, sich von Deutschland zu distanzieren – auch in der Sprache. Seit den 1970er-Jahren ist österreichischer Dialekt auch in Filmen und Serien zu hören.

In diesem Buch sieze ich Sie selbstverständlich weiterhin, weil das der einzig österreichische Weg ist. Außerdem werde ich in diesem Buch viele Austriazismen verwenden. Auch wenn sich selbst mein Lektor an einigen Stellen fragte, ob das nun ein Eigenwort, Name oder einfach nur ein Fehler ist, blieben viele der Wörter stehen. Es wäre nun wirklich unmöglich, ein Buch über Österreich zu schreiben und dann Wörter wie »Mütze«, »Tüte« oder »gucken« in den Mund zu nehmen. Denn das sind alles sehr, sehr deutsche Wörter. Wenn die Autokorrektur aus dem »Jänner« einen »Januar« machen will, brandet in mir schon mal Wut auf. Okay, das ist übertrieben und auch noch nationalistisch. Aber wenn nicht in diesem Buch, wann denn bitte sonst?

Damit Sie trotzdem eine leise Ahnung haben, was ich eigentlich erzähle, hier die 35 wichtigsten österreichischen Wörter, die nichts mit Essen zu tun haben. Denn dafür gibt es ja später noch das Kapitel *E wie Essen.* Also packen Sie den Rotstift in die Tüte und die Tüte schnell ins Sackerl, und los geht's.

Abwasch, die	=	Spülbecken oder Spüle
abbusseln	=	sich viele Bussis geben
Anserschmäh, der	=	ein wirklich guter Witz
Bartwisch, der	=	Handbesen
Beidl, der	=	männliches Geschlechtsteil und Beschimpfung
Beisl, das	=	Lokal, Bar
Bim, die	=	Straßenbahn
Dekagramm, das	=	Maßeinheit, Kurzform: dag; 1 dag sind 10 Gramm
Drahtwaschl, der	=	Topfreiniger, meist aus Metall
Einsatz, der	=	Pfand
Fetzen, der	=	Lappen, Rausch, negative Schulnote, billiges Gewand
Flankerl, das	=	Fussel
Gaudi, die	=	Spaß
Gewand, das	=	Kleidung
Gspusi, das	=	Liebelei
Haube, die	=	Mütze
Hawara, der	=	Freund*innen (nennt man auch »Spezis«)
Jänner, der	=	Januar

Klobesen, der	=	WC-Bürste
Leintuch, das	=	Laken, nicht zu verwechseln mit
leiwand	=	cool
Masche, die	=	Schleife oder Trick
Matura, die	=	Abi
Mistkübel, der	=	Abfalleimer
Neugierdsnase, die	=	neugieriger Mensch
Pension, die	=	Rente (Pensionist*in / Rentner*in)
Polster, der	=	Kissen oder das Polster
Reparaturseidl, das	=	Konterbier
Sackerl, das	=	Tüte
Sessel, der	=	Stuhl
Tschocherl, das	=	kleines, meist abgefacktes Beisl
Tuchent, der	=	Bettdecke
Vorhaus, das	=	Hausflur
Zores, der	=	Ärger
Zwutschkerl, das	=	ein Kleinkind oder Schwächling

Es gibt übrigens auch Wörter, die in Österreich mehr oder etwas anderes bedeuten. So meint man hier mit BH nicht unbedingt den Büstenhalter, sondern die Bezirkshauptmannschaft oder das Bundesheer. Und man rastet hier nicht nur aus, sondern rastet sich auch aus, im Sinne von ausruhen. Das war jetzt vermutlich ganz schön viel. Keine Sorge, nach dem Buch werden Sie fließend Österreichisch sprechen oder eben einsehen, dass die Österreicher*innen das sowieso nicht wollen.

Eh

Das Wort »eh« ist die Mutter aller Füllwörter. Es findet sich in so gut wie jedem Gespräch wieder und ist dabei fast so bedeutungsschwanger wie »Oida«. Dabei ist das Wort so viel mehr als ein Synonym für »schon«, »ohnehin« oder »sowieso«.

Es drückt ein hohes Maß an gleichgültiger Selbstverständlichkeit aus und unterstreicht damit einen der am stärksten ausgebildeten Wesenszüge der Österreicher*innen. Eh ist das verbale Augenrollen, die absolute Hoffnungslosigkeit in zwei Buchstaben. Natürlich hat man selbst immer recht, wie könnte es auch anders sein, da bleibt einem nichts anderes übrig, als die Schultern zu zucken.

Ein Beispiel: »Ja eh.« Ein kurzer Satz, triefend vor Bedeutung. »Ja eh« klingt erst mal positiv, drückt aber einen Widerwillen aus, der von Herzen kommt. Zwischen den Zeilen bedeutet es: Offiziell gebe ich Ihnen mal recht, ich werde aber nichts davon umsetzen oder berücksichtigen. Manchmal verbindet das Wort auch Widerwillen, Weltschmerz und Resignation. So antworten manche selbst auf »Wie geht's dir?« mit »Ja eh«. Das Leben ist nicht leicht, aber leicht hat's einen. Ebenso verhält es sich mit »Eh klar«. Es signalisiert nicht nur Zustimmung, sondern lässt geschickt mitschwingen, dass man das ohnehin alles selbst wusste und man schließlich ja nicht komplett deppert ist. Es kann aber genauso bedeuten, dass man eigentlich gar nichts davon wusste oder wissen will.

Die richtige Anwendung des Wortes eh ist die höchste Kunst der österreichischen Rhetorik. Der Versuch, einem Deutschsprechenden, der kein*e Österreicher*in ist, zu erklären, wie eh erfolgreich gebraucht werden kann, ist zum Scheitern verurteilt. Eh klar.

Einfahrt

Als mein erster Freund seinen Seat Ibiza gegen einen schnelleren und tiefergelegten Wagen eintauschte, kursierte im Dorf das Gerücht, dass ich ihn abgeschossen und vielleicht auch gleich durch einen anderen ersetzt hätte. Als Beleg dafür reichte das neue Auto in der Einfahrt.

Man würde meinen, dass eine Einfahrt praktische Gründe hat. Dass man Autos abstellen kann, zum Beispiel. Doch in Wahrheit hat sie eine viel wichtigere Funktion: Kontrolle. Ähnlich wie am Grab (→ *Grab*) am Friedhof erfährt man auf der betonierten, geschotterten oder gepflasterten Fläche vor einem Haus in Oberösterreich fast alles, was man über eine Familie wissen will.

Da man mit dem Rad nicht besonders weit kommt und der Bus so gut wie nie fährt, bewegt man sich am Land ausschließlich mit dem Auto. Bekommt jemand Besuch, muss die Person das Auto vor dem Haus abstellen. So sehen alle Nachbar*innen, wer, wann und wie lange da ist. Im Idealfall erwischt man die Person beim Ein- und Aussteigen, aber dazu muss man entweder sehr viel Glück haben oder sehr viel Zeit am Fenster verbringen. Doch auch vom Auto lässt sich alles Wissenswerte ableiten.

Erstens: das Kennzeichen. Damit klärt sich die wichtigste Frage, nämlich ob es sich um eine*n Dasige*n handelt, also jemanden von hier (ein anderer Bezirk reicht schon als Ausschlusskriterium). Zweitens: das Auto selbst. Bei einem Privatauto ist die Marke besonders wichtig. Ob es etwas Vernünftiges wie Audi, VW, BMW oder Mercedes oder eben ein Billigramsch aus Asien ist. Nicht zu vernachlässigen sind auch die Felgen. Sind sie aus Chrom und nicht in der Standardausstattung des Wagens enthalten, hat die Person Ahnung von Autos und damit vom Leben. Durch Observation und das Erkennen von Zusammenhängen weiß man so schnell, wer ein neues Gspusi hat. Darum wird grundsätzlich alles erst einmal beobachtet. Man weiß ja nie! Und man schaut ja nur! Bei Marke und Ausstattung klärt sich die Frage, wer sich was leisten kann, darum vergleicht man unentwegt Modelle und fährt zusammen auf Automessen.

Steht in der Einfahrt ein Dienstauto wie etwa vom Handwerker, von einem Lieferdienst, von der Brotlieferantin oder – noch interessanter – von der Polizei, vom Pfarrer oder der Ärztin, wird zuerst mal gecheckt, ob man die Person kennt. Meistens trifft das zu, weil es eben nur einen Pfarrer und eine Brotlieferantin gibt. Nun gilt es zu eruieren, wie oft das Auto dieser Person dasteht und zu welchen Uhrzeiten. Denn welche Rohre soll der Installateur am Freitagabend um 22 Uhr schon verlegen?

Eltern

Es gibt gewisse Dinge, die sind nur zu Hause so. Eine Auswahl der schönsten und nervigsten Sachen, die sich bei mir zu Hause hoffentlich niemals verändern werden:

- Irgendwer diskutiert immer darüber, wer das Auto wann bekommt.
- Wer verliert, bleibt allein in der Pampa zurück und kann auf den Bus hoffen, der zweimal am Tag (am Wochenende halt gar nicht) kommt.
- Fährt man zusammen, gilt es zu klären, wer den Radiosender bestimmen darf. Wir streiten zwischen Ö1 (Klassik, mein Vater) und FM4 (alternativ, ich). Grundsätzlich gilt die Regel: Wer fährt, darf bestimmen. Außer: Ich fahre.
- Niemand klopft an. Alle kommen direkt in den Garten oder ins Haus rein. Dasselbe gilt für Zimmer.
- Am Land bin ich nicht Eva Reisinger, sondern die Reisinger Eva. Familienname überstimmt alles.
- Eine Herausforderung für jeden Familiensegen stellt das Festnetztelefon dar. Bei uns gibt es im Haus gleich drei Stück, die über Lautsprecher noch

verstärkt werden, sodass es einen vor Schreck vom Klositz wirft, wenn jemand anruft.

- Meistens heben dann auch alle gleichzeitig ab und reden.
- Besonders toll ist ein sehr lautes gemeinsames Telefon, wenn die Traudi am Sonntagmorgen um 7:30 Uhr anruft und das ganze Haus aufweckt. Man würde meinen, dass man damit dann auch wirklich immer erreichbar ist. Das ist man nicht, wenn meine Schwester über Stunden telefoniert und so mein Vater vom Bahnhof nicht durchkommt und die 13 Kilometer beim Schneesturm zu Fuß heimgehen muss.
- Im Esszimmer steht ein Esstisch, auf dem man nichts abstellen darf, weil das Holz so schön ist.
- Der Kühlschrank ist immer voll, aber die Angst, zu wenig zu essen zu haben, bleibt.
- Es gibt Filzhausschuhe für alle.
- Richtige Mülltrennung ist das Wichtigste überhaupt. Alles wird fein säuberlich im Heizraum in eigenen Boxen getrennt. Die dann regelmäßig zum Container im Dorf zu tragen, ist Kinderaufgabe.
- Mittags um 12 Uhr wird gegessen. Manchmal auch um 11:30 Uhr.
- Die Frage »Isst du das noch?« wird zwar gestellt, aber die Antwort ignoriert oder erst gar nicht abgewartet und so oder so vom Teller der anderen gegessen.

- Das ist auch nicht so schlimm, denn dasselbe gilt für die Frage »Magst du noch was?«. Man bekommt so oder so Nachschub.
- Ein Sommerspritzer zum Essen geht immer. Ein Winterspritzer auch.
- Gegen jedes Wehwehchen hilft außerdem ein Schnaps. Und /oder Beten.
- Bevor das Geschirr in den Geschirrspüler darf, muss es abgewaschen werden.
- Im Winter werden nur bestimmte Räume geheizt. Im Vorhaus braucht man dann eine Winterjacke.
- In der Nacht wird die Heizung gesenkt, morgens ist es klirrend kalt. Weil warm schlafen ist sowieso sehr ungesund.
- Jedes Licht wird gleich wieder ausgemacht. Auch wenn man selbst vielleicht grade am Klo sitzt.
- Für mehr Warmwasser muss ein Hebel betätigt werden. Leider kommt man da immer erst drauf, wenn man längst nass unter der Dusche steht.
- Merkt man an, dass die Glühbirne aus oder das Waschbecken verstopft ist, ist das Problem am nächsten Tag behoben. Danke, Papa!
- Was abends im Fernsehen geschaut wird, wird demokratisch entschieden. Außer es läuft Rosamunde Pilcher. Dann läuft Rosamunde Pilcher.

- Alle reden im Leben des anderen mit. Hast du Halsweh, kannst du nicht fortgehen! Ihr solltet wirklich weniger Fleisch essen, morgen koch ich mal vegetarisch! Und niemand hält sich an die Ratschläge des anderen. Das bewahrt aber auch niemanden davor, sie weiterhin zu geben.

- Beim Schlafengehen wird das WLAN ausgeschaltet. Weil das strahlt! Auch wenn längst noch nicht alle Familienmitglieder schlafen. Das war's dann mit Netflix.

Essen

Liebe geht ja bekanntlich durch den Magen. Wer sich mit Österreich anfreunden will, bedient sich am besten dieser Weisheit. Das Land des Schnitzels, was es genauer betrachtet gar nicht ist, aber egal, kann kochen. Und wie. Wer die Zutaten und Gerichte verstehen will, muss die Austriazismen dafür kennen:

Backhendl, das	=	Backhuhn
Blunzen, die	=	Blutwurst (gleichzeitig auch Schimpfwort für Frauen, nicht nice)
Buchtel, die	=	mit Marmelade gefülltes Hefegebäck
Eierschwammerl, die	=	Pfifferlinge
Eierspeis, die	=	Rührei
Erdapfel, der	=	Kartoffel
Erdäpfelsalat, der	=	Kartoffelsalat
Extrawurst, die	=	eigene Wurstsorte und Allüre oder Ausnahme
Faschierte, das	=	Hackfleisch
Faschingskrapfen, der	=	Berliner mit Aprikosenkonfitüre
Fleischlaiberl, das	=	Frikadelle

Fleischstrudel, der	=	Suppeneinlage aus unterschiedlichem Fleisch in Strudel
Frankfurter, die	=	Wiener Würstchen
Frittate, die	=	Suppeneinlage aus Eierkuchen; ähnlich wie Pfannkuchen, nur besser!
Grammel, die	=	Spezialität aus Schweinespeck; in Klößen oder auf dem Brot serviert
Grießnockerl, das	=	Grießklößchen als Suppeneinlage
Gugelhupf, der	=	Napfkuchen
Heidelbeerdatschi, die	=	Blaubeerpfannkuchen
Jause, die	=	Abendbrot, kann aber auch die Nachmittagsjause mit Speckbrot oder eine Kaffeejause mit Kuchen sein
Karfiol, der	=	Blumenkohl
Kaspressknödel, die	=	Knödel und Käse als Suppeneinlage
Knödel, der	=	Kloß
Kren, der	=	Meerrettich
Kukuruz, der	=	Mais
Marille, die	=	Aprikose
Maroni, die	=	Edelkastanie
Melanzani, die	=	Aubergine
Palatschinke, die	=	Pfannkuchen
Paradeiser, der	=	Tomate
Powidl, der	=	Pflaumenmus
Powidl Pofesen, die	=	Arme Ritter / French Toast mit Pflaumenmus
Ribisel, die	=	Johannisbeere

Scherzel, das	=	Brotschnitt am Ende
Schlagobers, das	=	Sahne
Semmerl, das	=	Brötchen
Topfen, der	=	Quark (gleich doppeldeutig verwendbar)
Verhackert, das	=	Brotaufstrich aus klein gehacktem geräuchertem Speck (oft Teil der Brettljause)
Vogerlsalat, der	=	Feldsalat
Weichsel, die	=	Sauerkirsche
Zuckerl, das	=	Bonbon
Zwetschke, die	=	Pflaume

Feminismus

In Österreich gilt »Feminist*in« immer noch als Schimpfwort. Es wird mit Männerhass und Extremismus gleichgesetzt. Dabei wäre Feminismus, also die Gleichstellung der Geschlechter und ein Nachdenken darüber, was in dieser Hinsicht dringend zu ändern wäre, überlebenswichtig: In keinem europäischen Land ist der Anteil weiblicher Opfer bei Tötungsdelikten höher als in Österreich (2018). 39 Frauen wurden 2019 von ihrem Partner oder Familienmitgliedern umgebracht. 20 Prozent aller Frauen ab dem 15. Lebensjahr sind Gewalt ausgesetzt. Jede dritte Frau wird sexuell belästigt.

Erst unter der SPÖ-Alleinregierung von Bruno Kreisky wurde die Frau in den 1970ern von ihrer Unmündigkeit befreit. Wer arbeiten wollte, brauchte die Zustimmung des Mannes dazu. Johanna Dohnal lebte in dieser Zeit und kämpfte dagegen. Sie wurde Österreichs erste Frauenministerin. Dohnal suchte nach Maßnahmen gegen häusliche Gewalt, unterstützte die Gründung von Frauenhäusern und brachte die Erhöhung des Karenzgeldes für Alleinerzieherinnen durch. Dabei nahm sie nie ein Blatt vor den Mund und sagte zum Beispiel: »Der Friede ist zu wichtig, um ihn allein den Männern zu überlassen.« Bis heute wird Dohnal als feministische Ikone im Land gefeiert.

Bis zur Mitte der 1990er-Jahre wurden in Sachen Feminismus viele wichtige Gesetze beschlossen wie ein Betretungsverbot bei Gewalt in der Ehe, das gesetzliche Verbot der sexuellen Belästigung, das Gleichbehandlungsgesetz für den öffentlichen Dienst und eine Frauenquote an Universitäten und in Ministerien. Es bewegte sich endlich etwas in Sachen Gleichstellung. Mit Jörg Haider kam dann aber eine Welle des Rechtspopulismus, inklusive wertkonservativer und neoliberaler Vorstellungen, und die Stimmung im Land änderte sich. Auch in der Partei von Dohnal ertönten nun immer mehr reaktionäre Stimmen. Die Stimmung in Österreich kippte. Johanna Dohnal wurde als »Mannsweib« verhöhnt. Dass sie mit ihrer langjährigen Partnerin zusammenlebte, konnten so einige nicht verkraften. 1995 wurde sie als Ministerin schließlich entlassen.

Seither scheint in Österreich der Kampf für die Gleichstellung der Geschlechter auf der Stelle zu treten. Als wären nicht über 20 Jahre vergangen, seit Dohnal sagte: »Sexismus tötet!« Viel verändert hat sich nicht. Außer, dass die aktuelle Frauenministerin sich nicht mal mehr als Feministin bezeichnet. Frauenministerin Susanne Raab von der ÖVP spricht überhaupt davon, noch nie Sexismus in ihrem Beruf erlebt zu haben, und will sich auch nicht Feministin nennen. Ihre Begründung: Sie sei gegen Labels. Statistisch gesehen sind die größten Gefahren für die Frau nach wie vor der eigene Partner und das nahe Umfeld. Die Politik konzentriert sich aber seit Jahren auf das Feindbild des »fremden Mannes«. Denn österreichische Politiker*innen wissen längst, dass man die Stimmen einiger Ehemänner/Partner/Familienangehöriger verliert, wenn man Gewalt in der Familie zum Thema macht. Anstatt sich also mit Gewalt in Familien und Beziehungen zu befassen, diskutiert man medienwirksam die Möglichkeiten einer Sicherungshaft für Menschen ohne österreichische Staatsangehörigkeit. Damit könnte man Menschen einfach auf Verdacht einsperren, was aktuell sehr umstritten ist, da es ziemlich sicher nicht verfassungskonform ist. Als der österreichische Innenminister Karl Nehammer (ÖVP) in einem Interview mit dem ORF gefragt wird, warum eine derartige Haft nicht auch für österreichische Männer gelte, bei denen es Anzeichen gibt, dass sie ihre Partnerinnen umbringen könnten, antwortet dieser tatsächlich: »Die totale Sicherheit kann es nicht geben.«

FPÖ

Der Oberösterreicher Anton Reinthaller war ein Bilderbuchnazi. Vernetzt und ehrgeizig. Im Ersten Weltkrieg konnte er aus der russischen Gefangenschaft entfliehen. Kehrte zurück in seine Heimatgemeinde Attersee. Er entwickelte sich schnell zum Nationalsozialisten. Bereits 1928 trat er der NSDAP bei, anschließend der SS, bei der er bald Brigadeführer wurde. Er fungierte als NS-Landwirtschaftsminister und als Unterstaatssekretär in Berlin. Dort widmete er sich u. a. der »Entjudung« des Forstbesitzes. Reinthallers ehemaliger Sekretär wurde nach dem Krieg wegen Kriegsverbrechen hingerichtet. Auch Reinthaller selbst stand auf der Liste.

Bei seinem Verfahren setzten sich viele Menschen für ihn ein. Er sei ein Idealist gewesen. Ein Nazi aus Versehen. Einer, der an das Gute in Hitler geglaubt habe. Wie doch so viele andere in Österreich auch. Er habe es doch wirklich nur gut gemeint. Sein Urteil fiel schließlich milde aus. Die drei Jahre Kerker waren mit der Untersuchungshaft abgesessen. Sein Vermögen hatte er zuvor seiner Gattin überschrieben. Schließlich begnadigte ihn sogar der Bundespräsident Theodor Körner. Viele aus dem Milieu ehemaliger Nazis sahen in ihm eine Art Galionsfigur und forderten ihn auf, wieder politisch aktiv zu werden. Das tat er auch. Nur zehn Jahre nach dem Ende des Zweiten Weltkrieges gründete er die Freiheitliche Partei Österreichs, die FPÖ. Und blieb ihr Obmann bis zu seinem Tod.

Lange krebste die Partei danach unter sechs Prozent in der rechten Bedeutungslosigkeit herum. Als Auffangbecken für Altnazis und tief verwoben mit den österreichischen Burschenschaften sprach die Partei nur einen kleinen Teil der Menschen an. In den 1980er-Jahren regierte die Partei dann zum ersten Mal in einer Koalition mit der SPÖ mit. Doch auch dort hatte sie wenig mitzureden. Erst als 1986 Jörg Haider (→ *Jörg Haider*) die Partei übernahm, wendete sich das Blatt.

Generation Sebastian

Schaumpartys, Bälle, Oktoberfest und Punschstand. Dort am Land, wo wenig los ist, sucht die ÖVP seit Jahren neue Gesichter. Meist in Verbindung mit Party und viel Alkohol. Denn die jungen Österreicher*innen trinken gerne. Die JVP gibt ihnen Gesellschaft und Zusammenhalt obendrauf. Politik spielt dabei für viele gar keine oder eine untergeordnete Rolle. Nach dem Motto: Hauptsache, a Gaudi ist es.

Die Partys der JVP waren bei uns bekannt und berüchtigt. Zum Landleben in Oberösterreich gehören die ÖVP und ihre Jugendorganisation JVP ebenso dazu wie Langeweile und Lagerhaus (→ *Lagerhaus*). Für viele war die Mitgliedschaft so selbstverständlich wie der Autoführerschein. Ähnlich wie zum Führerschein gab es auch zur ÖVP für die jungen Menschen am Land wenige Alternativen. Irgendwann gründete sich bei uns dann eine Ortsgruppe der FPÖ-Jugendorganisation Ring Freiheitlicher Jugend (RFJ). Sie begannen ebenfalls, Partys zu veranstalten und fleißig zu rekrutieren. Vereinzelt entstanden auch Ableger der SPÖ oder der Grünen. Doch die meisten schlossen sich der JVP an. Weil man dort schnell was werden konnte. Weil dort eh alle Mitglied waren. Und weil das halt immer schon so war.

Der heutige Bundeskanzler Sebastian Kurz leitete selbst die Jugendorganisation der ÖVP. Das ist auch noch gar nicht so lange her. Zur Wien-Wahl 2010 startete er eine Kampagne, von der man heute noch oft spricht. In einem Video erklärt er: »Der Wahlkampf wird geil werden, weil jeder weiß in der Jungen ÖVP: Schwarz macht geile Politik, Schwarz macht geile Partys und Schwarz macht Wien geil!« Zur Kampagne »Schwarz macht geil« entstand auch das legendäre Foto von Sebastian Kurz, der sich auf die Motorhaube eines »Geilomobil« genannten SUV lehnt. Die Bilder und Interviews wirken heute skurril. Schließlich verwandelte sich Kurz in wenigen Jahren vom geilen Jungpolitiker zum betont ernsten Staatsmann.

Politisch ließ die ÖVP ihre Jugendorganisation lange links liegen – bis zu dem Zeitpunkt, als Sebastian Kurz auf Bundesebene an Bedeutung gewann. Mit 24 wurde er Staatssekretär für Integration, mit 27 Außenminister und mit 30 Parteichef. Ein Jahr später hatte er sich von unten nach ganz oben, ins Amt des Bundeskanzlers, gearbeitet. Die ÖVP war damals am Boden und hatte wirklich nichts mehr zu verlieren. So durfte ein Junger mit tollen Umfragewerten sein Glück versuchen. Die Journalistinnen Nina Horaczek und Barbara Tóth beschreiben in der Biografie *Sebastian Kurz – Österreichs neues Wunderkind?* seine Verwandlung so: Aus »Kurz dem I.«, einem frechen, bürgerlich-provokativen Jungpolitiker und Chef der JVP, wird »Kurz der II.«, ein ernsthaftes Regierungsmitglied, das Integration zum Sachthema macht, bei dem es nicht wie bisher nur um Emotionen gehen sollte. Mit der Migrationsbewegung 2015 kam die große Wende: »Kurz der III.«. Ein »Prinz Eisenherz«, der sich bewusst gegen »Wir schaffen das« und die »Willkommenskultur« stellte. Sofort warnte er vor Überforderung. Während der Corona-Krise baute er sein Image dann erneut um, zu »Kurz dem IV.«: dem Retter Österreichs. Ja ganz Europas.

Mit seinem Aufstieg förderte Kurz viele junge Menschen der eigenen Partei und nahm sie mit nach oben. Heute sitzt die Generation Sebastian an den mächtigsten Positionen des Landes. Für sie stehen Kommunikation und Marketing im Vordergrund. Niemand widerspricht dem Chef.

Message Control wie aus dem Lehrbuch. Inhalte und Themen werden dafür hintangestellt. Zur Frage, welche Politik die neue Generation der ÖVP denn machen wolle, lässt eine Anekdote des ehemaligen ÖVP-Chefs Erhard Busek tief blicken. »Sebastian, was sind deine Themen?«, habe er ihn gefragt. Dieser räumte ein, dass dort die Schwäche seiner Partei liege. Es habe aber bereits »zwölf Sitzungen zum Thema Inhalt« gegeben. Vielleicht, so schließt Busek, sei die Inhaltslosigkeit dieser Generation ja eine direkte Folge des heruntergekommenen Bildungssystems.

Grab

Am Land zeigt sich das Ansehen einer Familie auf dem Friedhof. Dazu gehört natürlich die Grabpflege: Schöne Blumen (die das ganze Jahr über jemand gießen muss), ein penibel sauber gehaltenes Grab (nur kein Unkraut zwischen den Steinen) und mindestens eine brennende Kerze sind Pflicht. So wie andere Leute immer Zigaretten und ein Feuerzeug mit sich herumtrugen, so fanden sich bei meinen Eltern in den Fächern im Auto, in den Mänteln und Taschen überall Streichhölzer und mit rotem Plastik eingefasste Friedhofskerzen. Man wusste schließlich nie, wann man am Grab vorbeikommen würde. Und wehe, »das Licht war aus«.

Der 1. November ist in Österreich ein gesetzlicher Feiertag. An Allerheiligen wird der Verstorbenen gedacht, und dazu geht man auf den Friedhof. Wer dieses Ereignis verpasst, bringt Schande über die Familie. Schließlich sind die anderen ja auch alle da. Es ist einer der wichtigsten Momente des Sehens und Gesehenwerdens. Hier wird – in Abwesenheit der Beschuldigten – beschlossen, wer (vielleicht) schwanger ist, wer ein Alkoholproblem hat und wessen Kinder sich einen Dreck um die Verstorbenen scheren.

Alle Jahre wieder stritten wir in der Familie an Allerheiligen über dasselbe Thema: adäquate Kleidung für den Friedhof. So könne ich unmöglich gehen, erklärte mir meine Mutter. Meine Jacken waren allesamt zu kurz, zu dreckig oder zu farbenfroh. Schließlich ging es um die Verstorbenen, etwas Anstand, bitte! Für Allerheiligen hätte ich einen möglichst langen und dunklen Mantel gebraucht statt der Fetzen, die ich sonst trug. Ich besaß so einen Mantel aber nicht und meine Mutter hatte auch nur einen. Und passte der Mantel mal, war mein Rock zu kurz, die Strumpfhose zu dünn oder die Frisur unpassend.

Jedes Jahr drohte ich damit, nicht mitzugehen. Jedes Jahr erklärten mir meine Eltern, dass diese Option nicht zur Diskussion stand. An irgendeinem Punkt gab ich auf und zog einen alten Mantel meiner Schwester an, der ohnehin so groß war, dass er mich komplett verdeckte. Das löste dann gleich alle anderen Probleme auch. Jedes Jahr kamen wir darum etwas zu spät zu unseren Verwandten, mussten schnell zum Friedhof hetzen und sprachen die erste halbe Stunde nicht miteinander.

Am Grab angekommen, zupften wir noch einmal an den Pflanzen, kontrollierten die Kerzen und standen dann still rund um das Familiengrab, die Hände gefaltet. Der Friedhof lag auf einem Hügel mit Aussicht über den Ort und den Wald. Meistens hingen dichte Nebelschwaden über den Friedhofsmauern. Allein die roten Lichter der Kerzen leuchteten. Der Pfarrer ging dann mit einer Schar an Kirchenangehörigen und Ministrant*innen einmal um den Friedhof herum. Vorne trug jemand ein großes Kreuz. Der Pfarrer sprach in ein Mikro, das entweder nicht funktionierte oder dessen Boxen am Friedhof laut krachten und knackten, was jedes Mal alle zusammenzucken ließ. Überall standen Familien und blickten auf ihre Gräber. Viele versuchten, sich das Lachen zu verkneifen, während die Technik (wieder einmal) nicht funktionierte. Alle trugen Mäntel in gedeckten (!) Farben und einige Hüte. Jedes Grab wurde gesegnet, bei uns dauerte das mit allem Rundherum meistens eine Stunde. Ältere Menschen saßen auf mitgebrachten Campingstühlen, alle anderen mussten stehen. Als Kind fühlte es sich an wie vier Stunden. Trotz Wind und Wetter standen die Leute dann dort. Und vielleicht auch, obwohl sie am Abend zuvor (Halloween) saufen waren. (Also ich, später.)

Einmal wollte ich mich am Nachbargrab etwas anlehnen, machte einen Schritt zurück und plumpste hinein. Ich landete direkt im Hortensienbusch der Nachbarin. Während ich vor Schreck schrie und mich jemand rausfischte, entschuldigten sich meine Eltern bei der Familie und der ganze Friedhof schaute zu uns. Und die Kleidung war damit ruiniert.

Granteln

Wien lebt von seiner Unfreundlichkeit. In Reiseführern wird der Grant den Tourist*innen sogar versprochen. Grant bedeutet laut *Duden* »Unmut« und ist in Österreich eine Lebensphilosophie. Wer ständig nörgelt, schimpft und die Nase rümpft, wird darum auch »Wiener Grantscherben« genannt und ist vermutlich in der Bundeshauptstadt ansässig.

Um in Österreich zu überleben, sollte man einige Beleidigungen verstehen. Mit dem Erwidern sollte man jedoch vorsichtig umgehen, da man es erst nach intensiver Beobachtung und nach Jahren als Wiener*in authentisch beherrschen kann. Und nichts ist weniger gern gesehen als grantige Deutsche.

»Hoit's zam!« / »Hoit de Pappn!« / »Hoit de Goschn!« = Alles wunderbare Phrasen, um zu sagen: »Maul halten!«

»Pudel di net so auf!« = Meine absolute Lieblingsphrase benutzt man, um zu sagen, dass sich jemand nicht so aufspielen soll. Sie können es zum Beispiel verwenden, wenn jemand mit seinem Auto angeben will oder Sie im Zug auf dem von jemand anderem reservierten Platz sitzen. Spätestens seit dem Film *Muttertag* ist »Pudel di net auf, Hustinettenbär!« ein Klassiker.

»Schleich dich!« / »Hau di über die Häuser!« = Zwei Ausdrücke, die Ihrem Gegenüber vermitteln sollen, endlich nach Hause zu gehen oder Sie in Ruhe zu lassen. Perfekt anwendbar auch im Zugszenario. Nach einem »Pudeln Sie sich nicht so auf!« auch noch ein »Schleichen Sie sich!« nachwerfen. Selbstverständlich funktioniert gutes Beleidigen auf Wienerisch auch immer in der Sie-Form. Das ist doppelt toll, weil die Beleidigung so noch arroganter klingt.

»Selber!« (»Söba!«) = Ist eine herrlich passiv-aggressive Redewendung, mit der Sie auf jede Kritik oder Beleidigung reagieren können. Österreicher*innen sind ein zutiefst kritikresistentes Volk und das ist das Wort dazu.

»Geh ma ned am Oasch, heast!« / »Lass mi anglahnt!« = Übersetzt in etwa: »Lass mich in Ruhe!« Sie können es in absolut jeder Lebenssituation anwenden.

»Sie Fetznschädl!« / »Sie Betonschädl!« = Als »Fetznschädl« bezeichnete man umgangssprachlich eine von Alkohol benebelte Person, heute gilt es als universelles Schimpfwort. Ideal, um es an eine der bereits gelernten Phrasen anzuhängen. Dito der »Betonschädl«.

»Trottel, depperter!« = Als ein »Trottel« wird bezeichnet, wer als einfältig, ungeschickt oder willenlos angesehen wird. »Deppert« bedeutet dumm oder einfältig. Somit ist die Phrase eine doppelte Beleidigung und damit besonders beliebt in Wien. Wer stilistisch anspruchsvoll schimpfen will, kann daraus auch »Sie Trottel, Sie depperter« machen.

»Sie Wappler!« = Als »Wappler« wird jemand bezeichnet, der*die unfähig ist und nichts auf die Reihe bekommt. Ist genauso anzuwenden wie »Trottel« oder »Fetzenschädl«.

»Gfrast!« / »Gfrastsackl!« = Der Begriff wurde in Bayern und Österreich umgangssprachlich als Bezeichnung für schlimme Kinder benutzt. Heute taugt er als Schimpfwort und wird generell als Beleidigung verwendet.

»I gib da a Watschn, dass da 14 Tog da Schädl wockelt!« = Diese Phrase ist ein Zitat vom Meister des Schimpfens auf Wienerisch: Mundl. In den 1970er-Jahren schimpfte und polterte der Elektriker Edmund »Mundl« Sackbauer in der Kultserie *Ein echter Wiener geht nicht unter*. Zur Bedeutung: »Eine Watschn geben« bedeutet, jemanden zu ohrfeigen – und zwar so stark, dass sich der Kopf noch 14 Tage später bewegt.

»Rüttel net am Watschenbaum!« = Damit geben Sie die Warnung, dass jemand, wenn er*sie sich weiterhin gleich verhält, eine Ohrfeige riskiert.

»Brauchn S' a Passbüd?« = Besonders wichtig ist hierbei, das Wort Passbild im Dialekt auszusprechen, damit es auch derb genug klingt. Wird es auf Hochdeutsch gesagt, denkt noch jemand, dass Sie Beamte*r sind. Der passende Satz, wenn jemand Sie anstarrt.

»Suchen Sie an Bahöl (Bahö)?« = »Bahöl« oder »Bahö« ist ein Ur-Wiener Begriff für Krawall oder Aufruhr, wobei man das »l« nicht ausspricht. Ähnlich wie: »Was wüsssst?«

Diesen Satz erwidern Sie, wenn Sie jemand Sie blöd anmacht. Richtig ausgesprochen, wird es die Menschen zum Zittern bringen.

»Du fahrsch Ski wie a Deitscha!« = Am besten sprechen Sie es im Tiroler Dialekt aus und formulieren damit eine der größten Beleidigungen, die es in Österreich gibt. Denn nichts ist so beleidigend, wie als Deutsche*r zu gelten (➔ *Piefke*). An dieser Stelle ist man auch nicht mehr per Sie, weil es an jeglichem Respekt fehlt. Denn am Berg samma per Du! – Sogar mit dem*der Chef*in. Schließt sich natürlich aus, wenn Sie Deutsche*r sind, sorry.

»Gusch!« = Bedeutet in etwa: »Geh weg!« »Sei ruhig!« Oder: »Schleich dich!«

»Interessiert mich an Scheißdreck!« = Das sagen Sie, wenn Sie ein*e Kolleg*in nach Feierabend anruft.

»Geh scheißn!« = Dieser fäkalsprachliche Imperativ ist in Wien überlebensnotwendig. Sie können es als Synonym für »Nein«, »Bitte nicht« oder »Geh weg« verwenden.

»Ihnen hams wohl ins Hirn gschissen!« = Wie Sie wahrscheinlich schon gemerkt haben, ist Fäkalsprache in Österreich sehr wichtig. Diese umgangssprachliche Aussage verwenden Sie, um zu sagen, dass jemand nicht mehr bei Verstand ist oder etwas nicht ernst meinen kann. Ideal zum Beispiel bei Gehaltsverhandlungen oder wenn Ihr*e Chef*in am Wochenende was von Ihnen will.

»Der Blitz soll Sie (beim Scheißn) dawischen!« = Eine der kreativsten Verwünschungen der österreichischen Sprache und selbsterklärend.

Gspusi

Bevor es losgehen konnte, kontrollierten die Lehrer*innen unser Gepäck. Energydrinks, also Red-Bull-Dosen, wurden konfisziert und erst gar nicht mitgenommen. Fanden sie Alkohol, wurden die Eltern gerufen und man durfte nicht mit. Doch der Alkohol war längst in kleine Mineralwasserflaschen gefüllt, wir waren ja nicht komplett deppert. Nach der Kontrolle stiegen alle in den Bus ein. Wir waren damals zwölf oder 13 Jahre alt. In Skikleidung, mit Helm und Brille, wirkten wir wie Volksschüler*innen. In unseren Gedanken waren wir aber längst älter. Wir wollten verliebt sein, knutschen und trinken. Alles Dinge, die in dieser Skikurswoche nach Ansicht der Lehrer*innen natürlich nicht passieren durften, wir aber längst geplant hatten.

Wir freuten uns wochenlang auf den Skikurs. Meine Freundinnen Babsi, Maria, Dani und ich hatten zeitgleich unsere ersten Beziehungen gestartet. Das hieß, dass wir mit Jungs gingen, obwohl wir die nie sahen. Ich war total verknallt, wie ich in meinem Tagebuch festhielt. Er nannte mich »Mausal« und schrieb mir lange Gästebucheinträge auf Szene1 (→ *Internet*). Einmal waren wir alle zusammen im Kino. Da saßen wir mit unseren Freunden, und während unsere Hände wie wild schwitzten und unsere Herzen rasten, lief auf der Leinwand *Himmel und Huhn*. Für den Skikurs malten wir uns aus, nun endlich so richtig zusammen sein zu können. Ganz ohne Eltern. Träumten von heimlichen Küssen in Skiunterwäsche, während es draußen schneite. Kuscheln im Schulbus. Einen Typen an der Seite, der einem den Platz neben sich beim Abendessen reservierte.

Zu alldem sollte es nicht kommen. Bis zum Skikurs hatten sich meine Freundinnen von ihren Boys getrennt. Und so blieben nur mein Freund und ich übrig. Seine Haare waren strohblond. Er war manchmal schüchtern und ganz anders als die Arschlöcher in unserer Klasse, die andere erniedrigten und mobbten, weil eben alle klüger waren als sie. Da meine Freundinnen nun single waren, war klar, dass auch ich das werden musste.

Es schneite stark und unsere Zehen waren vom Gepäckausladen halb gefroren, als wir endlich in der Jugendherberge ankamen. Wir bezogen unsere Zimmer, die mit dunklen, schweren Stockbetten vollgestellt waren. In das Holz waren Namen geritzt und mit Edding Herzen gemalt worden. Jeweils sechs Personen lagen in einem Zimmer. Über die Aufteilung hatten wir bereits in den vergangenen Wochen intensiv gestritten. Vor dem Abendessen tauschten wir Outfits und schminkten uns gegenseitig. Mein Freund holte mich ab und ich nutzte den Moment, um mit ihm Schluss zu machen. In mein Jeansstoff-Tagebuch zeichnete ich ein gebrochenes Herz. Das Schlussmachen beschrieb ich so: »Es wor des Schlimmste, wos ih je gmocht hob, oba es hot sei miasn.«

Nach den Spaghetti bolognese erzählten mir meine Freundinnen, dass er immer noch weinend vor unserer Türe sitze. Er habe für mich sogar einen Song geschrieben, den ich wegen meines Schlussmach-Stresses gar nicht mehr angehört hatte. Die Lehrer*innen fragten die anderen, ob er Heimweh habe. Nein, die Eva sei schuld, gaben meine Mitschüler*innen prompt zurück. Ich bereute meine Entscheidung schon an diesem Abend, konnte nun aber wirklich nicht mehr zurück. Mir war extrem schlecht und ich fühlte mich elend. Den Skikurs hatte ich für ihn und für mich versaut. Meine grausame Art, ihn abzuschießen, obwohl er doch sogar ein Lied für mich geschrieben hatte, dominierte auch in den kommenden Tagen als Thema. Es gab an den Abenden Spaghetti bolognese, Gulasch, eine Kinderdisco und Lawinenkunde, aber keine heimlichen Küsse und kein Händchenhalten. Schließlich hatten wir ja alle Schluss gemacht. Ständig weinte irgendwer oder disste jemanden, bis wieder jemand heulte. Wir Freundinnen verschworen uns gegen die Scheißjungs, die ja wirklich niemand brauchte, und wir versuchten, sie zu ignorieren, obwohl wir sie trotzdem dauernd anschauten. Jeden Abend wurden unsere Handys eingesammelt und die ursprünglich geplanten Treffen fielen ins Wasser.

Was aus dem geschmuggelten Alkohol der Jungs wurde, weiß ich nicht. Wir sprachen ja nicht mehr miteinander. Irgendwann sind wir auch Ski gefahren.

Hobbys

Am Land geht man besonderen Hobbys nach. Da eine Freizeitinfrastruktur nicht gerade im Überschuss existiert, also gar nicht, müssen die Menschen kreativ werden.

- Sich beim Spar, beim Billa oder an der Tankstelle ein Red Bull kaufen und reinpfeffern.
- Vergleichbar: sich am Parkplatz vor dem Freibad auf die Motorhaube des Autos setzen (hoffentlich Audi oder zumindest VW). Zusammen mit seinen Spezis oder seinen Hawara (je nachdem, wo man wohnt) bildet man einen Kreis und kann sich so unterhalten. Besonders gut natürlich über das Thema Autos.
- Wer kein Auto hat, macht dasselbe auf dem Moped oder, wenn es wirklich gar nicht anders geht, auf dem Rad.
- Mindestens einmal in der Woche ist man abends bei irgendjemandem zum Knackergrillen eingeladen. Ein Knacker ist eine dicke Wurst und eignet sich besonders gut zum Aufspießen.
- Ebenfalls einmal in der Woche trifft man sich abends zum Pokern bei jemandem zu Hause.

- Wer nicht pokert, spielt Risiko, Siedler oder Nobody is perfect.
- Mindestens einmal am Wochenende veranstaltet man entweder selbst oder jemand von den Hawaran ein Vorglühen. Ohne Vorglühen gibt's keine Party. Selbst wenn die schon um neun oder zehn beginnt oder überhaupt eine Homeparty ist. Vorgeglüht wird trotzdem immer. Am besten mit Wodkabull, Jackycola oder überhaupt gleich Jägermeister.
- Mindestens einmal in der Woche trifft man sich an der Tankstelle zum Autowaschen. Meistens samstags oder sonntags. Dann, wenn eben alle anderen auch dort sind.
- Im Winter kommen Hobbys wie Wellness dazu. Bei uns in der Therme gibt es mitten im Becken auch eine Cocktailbar. Der Rest erklärt sich von selbst.
- Weiteres Hobby im Winter ist natürlich das Skifahren. Meistens in einer großen Gruppe, damit man sich einen Bus ins Skigebiet teilen kann, sodass niemand selbst fahren muss und alle trinken können.
- Am Sonntag geht man entweder zum Frühschoppen oder zum Fußballspiel. Je nachdem. Manche auch zu beidem. Für alle, die Ersteres nicht kennen: Der Frühschoppen findet am Morgen nach der Zeltfestnacht statt. Im Zelt spielt dann die Musi, man haut sich unzählige Würstel mit Sauerkraut und wieder Bier in die Figur rein. Dort ist dann

auch die ältere Generation munter mit von der Partie. Im Grunde ist es wie Oktoberfest gepaart mit Stammtisch – nur eben am Vormittag.

Internet

Meine ersten SMS schrieb ich am Handy unter der Bettdecke in meinem Zimmer und löschte sie direkt nach dem Versenden wieder. Ich musste mir ein Handy mit meiner Familie teilen, bis ich 15 Jahre alt war, da meine Eltern davon überzeugt waren, dass ich kein eigenes bräuchte.

Das schränkte den Kontakt zu anderen (vor allem Jungs) natürlich immens ein. Durch die Verbreitung der Internetzugänge änderte sich das. Wie durch Zauberei konnte man Leute kennenlernen und mit ihnen abhängen, ohne dass man dazu seine Eltern brauchte. Für jemanden, der in Dingenskirchen sitzt, veränderte das alles. Schließlich waren wir plötzlich mit der ganzen Welt verbunden. Das Modem piepte laut beim Einwählen, wie eine Warnung. Achtung, Sie werden gleich das Internet betreten. Ihre Welt wird sich verändern! Achtung, Achtung!

Wir trafen uns vor allem auf einer Plattform namens Szene1, die für ihre Partyfotos bekannt war. Ich nannte mich Cinderella28 und hatte damit erstaunlicherweise noch einen der weniger peinlichen Namen. Cinderella fand ich cute und am 28. September hatte ich Geburtstag. Zumindest war ich kein scharfes_Mausi1 oder Babsihasi92. Die Kinder vom Land hatten ihre eigenen Plattformen. Neben Szene1 waren bei uns auch die Seiten Eventshooters und

Festlinfo extrem beliebt. Wir verbrachten jede EDV-Stunde in der Schule gebannt vor dem Bildschirm, schrieben uns gegenseitig Gästebucheinträge oder tüftelten stundenlang am perfekten Auftritt auf der Plattform. Dazu zählte eine besonders kecke Selbstbeschreibung (mit vielen Emojis und tiefgründigen Zitaten). In meinem Profil stand: »›Imperfection is beauty, madness is genius and it's better to be absolutely ridiculous than absolutely boring‹, Marilyn Monroe«. Wir benutzten Emojis, als gäbe es kein Morgen mehr. Neben seitenlangen Gästebucheinträgen und absurden Selbstbeschreibungen gehörte es auch dazu, dass nach dem Zeltfest Fotos in ärgster Zuaheit (also sehr betrunken) von den Partyfotograf*innen einfach veröffentlicht wurden – natürlich ohne Zustimmung. Irgendwann gab es dann plötzlich auch Gruppen und die waren sowieso ein Muss. »Bis der Richtige kommt, hab ich Spaß mit dem Falschen«, »Oberösterreich for ever!!!!!!!!!!!!!!!!!!!«, »Ich glühe härter vor, als du Party machst!« oder »Bier ist kein Alkohol ... Bier ist ein Grundnahrungsmittel«. Wer konnte derartigen Gruppen schon widerstehen?

Schließlich wurden wir alle ironisch. Durch die Benutzung der ^^ war der Weg für das lässige HAHA geebnet. Neben den Provinzplattformen war ICQ damals extrem beliebt. Ein Instant-Messaging-Dienst, bei dem man eine lange Nummer hatte und chatten konnte. Diese Nummern steckten wir uns wie Handynummern zu. Mit jedem Klick auf die grüne Blume mit dem roten Blatt eröffneten sich Möglichkeiten. Jedes »Uh oh«, das beim Eintreffen einer Nachricht ertönte, war wie der Schub einer Droge. ICQ und Szene1 waren die Datingplattformen meiner Generation.

Zu Hause surfte ich jede freie Minute im Internet. Meinen Eltern gefiel das natürlich nicht. Sie warnten mich ständig davor, dass ich von der vielen Zeit vor dem Bildschirm noch »viereckige Augen« bekommen würde. Dieses Risiko ging ich, ohne zu zögern, ein. Hinter den Versuchen, mich vom Computer wegzubekommen, stand vermutlich auch das Problem, dass meine Internetsucht die gesamte Kommunikation stilllegte. Wenn ich online war, konnte man am Festnetztelefon nicht mehr telefonieren.

Wollte ich online gehen, musste ich an den Familiencomputer im Arbeitszimmer ran. Und dort war man niemals allein. Mal suchte mein Vater ein Wörterbuch, dann meine Mutter ihre Schere. Kreative Kontrollstrategien, würde ich das heute nennen und bei meinen Kids genauso machen. Ich verbrachte trotzdem unzählige Stunden zwischen Mappen, Büchern und Lehrutensilien meiner Eltern, starrte auf den kleinen Bildschirm eines Stand-PCs und wartete darauf, dass endlich das verdammte »Uh oh« ertönte, bis meine Augen viereckig wurden oder meine Eltern das Internet aussteckten, um zu telefonieren. Um nachzufragen, ob der Fasan schon gerupft sei oder die Eier abgeholt werden könnten.

Jagd

Schlucki war rot-weiß-rot gestreift. Wie die Österreichflagge, nur orangener. Schlucki durfte ein Leben in der Natur führen, musste dafür aber abends seine Freiheit aufgeben. Dann bekam unser Kater sein stinkendes Dosenfutter in der Scheune, wo er über Nacht eingesperrt wurde. Wir brachten ihn jeden Abend zu Bett, wie wir es nannten. Im Sommer, wenn die Tage lange hell sind, wirkte das besonders grausam. Wie ein Kind, das schon viel zu alt ist und trotzdem noch um 18 Uhr ins Bett muss. Abdunkeln und fertig. Schlucki hatte keine Wahl. Denn er wusste, nur so gab es Fressen. Manchmal jammerte er noch die erste Stunde. Doch je älter er wurde, desto mehr fügte er sich seinem Schicksal. Bei Tag jagte er Mäuse im Garten und Wald, versuchte, den Maulwurf zu erwischen (was er nie schaffte), und wartete am Acker geduldig auf Feldmäuse, die er lange quälte, bevor er sie tötete. Meine Mutter kam immer als Erste zu Mittag nach Hause. Ihr strich er dann so lange um die Füße, bis sie ihm versehentlich auf den Schwanz trat oder ihm das Futter gab oder ihn rausschmiss. Oder alles zusammen. Schlucki hieß genauso wie unser Nachbar. Keine Ahnung, warum wir ihn ausgerechnet so nannten. Riefen wir ihn abends, war unser Nachbar am Anfang nicht ganz sicher, ob wir nun den Verstand verloren hatten. 18 Uhr: »Schlucki, Zeit zum Bettgehen! Fressssi!«

Ich liebte den Kater. Wir hatten ihn von einem Bauernhof, wo er sonst als Baby ertränkt worden wäre, gerettet. Für mich reichte das als Entschuldigung für jede Tat in seinem weiteren Leben aus. Zerkratztes Sofa? Egal, er wäre als Baby fast ermordet worden. Ein Kratzer auf der Hand? Na ja, er konnte ja wirklich nichts dafür. Neben unserem Haus war eine Straße, auf der die Autos immer viel schneller durchschossen als mit den erlaubten 50 Stundenkilometern. Darum musste Schlucki abends auch schlafen gehen. Wenn Treibjagd war, musste er überhaupt den ganzen Tag in der Scheune bleiben. An den Tagen im Herbst liefen die Hunde und sogenannten »Treiber*innen« durch den Wald. Sie setzten das Wild in Bewegung, während sich die Jäger*innen in ihren Ständen versteckten. Von dort aus schießen sie schließlich Hasen, Rebhühner, Fasane und Wildschweine. Selbst Spazierengehen ist zu dieser Zeit lebensgefährlich. Darum stehen auch meistens riesige Schilder mit »VORSICHT TREIBJAGD« und alle, die mitmachen, tragen Warnwesten. Denn geschossen wird auf das, was sich bewegt. Heißt es stolz bei uns. Zack, bum, und das war's.

Nach der Treibjagd brachte der Nachbar meist einen Hasen oder einen Fasan vorbei. Das Tier wurde dann entweder gleich verkocht oder zerstückelt und eingefroren. Vor mir wurde das lange geheim gehalten. Oder eben nicht thematisiert, was da sonntags am Teller lag. Genauso wie ich nicht verstand, warum die Kaninchen des Nachbarn, die ich immer mit dem alten Brot und selbst gepflücktem Löwenzahn fütterte, deren Babys ich rausnahm und streichelte, irgendwie jährlich verschwanden. Nicht so wenige davon landeten in meinem Magen, wie ich heute weiß. Das Essen schmeckte immer gut und ich fragte nicht nach. Einmal sah ich die Nachbarin sogar die Hühner schlachten. Die liefen dann noch kurze Zeit ohne Kopf weiter. Aber auch das brachte mich nicht auf den Gedanken, dass das ebenfalls Fleisch war, was wir aßen.

Ein Tier braucht eine Funktion, so wuchs meine Mutter auf. Sie kommt von einem Bauernhof, wo sich alles nur um den Nutzen der Tiere drehte. Das Konzept Haustier war ihr fremd. Ich plädierte immer für einen Hund und schaffte es fast, meinen Vater davon zu überzeugen, dessen Herz bei jedem Tier genauso weich wurde wie meines. Er besuchte mit mir als Kind jeden Zoo, wusste als Biologielehrer alles über Tiere und erklärte es mir. Ich konnte meine Liebe zu Tieren nur von ihm geerbt haben. Meine Mutter machte regelmäßig klar: Komme ein Hund ins Haus, dann würde sie gehen, so ging die Gleichung. Niemand war bereit zu testen, wie ernst es ihr damit war.

Ich wuchs aber mit vielen Tieren auf. Irgendwie waren immer welche da. Die Schweine und Pferde hinter dem Haus. Die Hühner der Nachbarin in der Einfahrt (bis sie dran glauben mussten). Die Kaninchen weiter vorne rechts (dito). Und die Rehe, die morgens manchmal vor dem Haus auf der Lichtung standen (dito).

Man erzählte sich in meiner Familie die Geschichte, dass meine Oma einmal vom Küchenfenster aus einen Fasan im Garten geschossen haben soll. Mit der Begründung: Er habe schließlich ihr Grundstück betreten. So stelle ich mir meine Oma oft vor, mit einer Pumpgun in der Hand am Fenster, Küchenschürze um und die Haare fein säuberlich hochgesteckt. Zack, bum. Geschossen wurde mit einer alten Schrotflinte, einer sogenannten »Florbert«. Wie man das Tier trotz Schrot essen konnte, bleibt ein Mysterium. Wie bei jeder guten Familienanekdote eben.

Für mich waren Tierliebe und Schnitzel irgendwann dann doch nicht mehr unter einen Hut zu bringen. Ich begann mich zu fragen, wo das Fleisch am Teller herkam. Mit zwölf beschloss ich, alldem ein Ende zu bereiten, und wurde von einem Tag auf den anderen Tag Vegetarierin. Nur um mit 18 dann auf einem Weihnachtsmarkt erst recht wieder Bratwürstel zu essen.

Jörg Haider

Heute weiß man, Jörg Haider hatte vielen etwas voraus. Wie sich Trump, Putin, Orbán, Strache, Kurz oder Le Pen inszenieren, hatte Haider schon in den 1990er-Jahren in seinem Repertoire. Er skandierte »Österreich zuerst« fast 30 Jahre vor dem US-amerikanischen Präsidenten. In dem gleichnamigen Volksbegehren ging es darum, wie man aus Österreich ein möglichst abschreckendes Anti-Einwanderungsland machen könnte. Dazu brauchte er keine roten Kappen, sondern brachte seine eigenen Diagramme und Karten in Fernsehsendungen mit und hielt sie direkt in die Kamera. Er begründete damit den Trend rund um das Teil, das man in Österreich »Taferl« nennt.

Zu seinen Feindbildern zählten natürlich nicht nur die Ausländer*innen, sondern auch die da oben – die Eliten. »Sie sind gegen ihn, weil er für Euch ist«, schrieb er auf ein Wahlplakat und strahlte darauf selbst in die Kamera, die Hände hinter dem Nacken verschränkt. Dass er selbst längst Teil der Elite war und, wie man später erfuhr, maßgeblich in korrupte Machenschaften verstrickt, war dabei nebensächlich.

Haider war jahrelang Landeshauptmann von Kärnten und noch länger Chef der FPÖ, bis er sich abspaltete, mit dem Bündnis Zukunft Österreich (BZÖ) seine eigene Partei gründete und Heinz-Christian Strache die FPÖ überließ.

Haiders Forderungen waren schon damals: Geflüchtete sollten in abgelegenen Lagern untergebracht werden und fremdsprachige Kinder in eigene Klassen kommen. Dazu kamen etliche Lobreden auf den Nationalsozialismus wie »Im Dritten Reich haben sie eine ordentliche Beschäftigungspolitik gemacht« oder die Bezeichnung von SS-Veteranen als »anständige Menschen mit Charakter« und die Versicherung, »dass sich die Anständigkeit durchsetzt, auch wenn wir momentan nicht mehrheitsfähig sind. Aber wir sind geistig den anderen überlegen ...«

Neben den zahlreichen Tabubrüchen inszenierte sich Haider als eine Art Posterboy, in Homestorys zeigte er seine menschliche und immer wieder auch seine fesche Seite. Haider oben ohne beim Rasieren. Haider am Lenkrad eines Boots. Wie alle großen Autokraten liebte er die Selbstinszenierung und fand immer genug Medien, die dabei mitspielten.

Außerdem konnte er gut mit Menschen. Halb Österreich und ganz Kärnten hatte er schon mal die Hand geschüttelt und einen Gefallen erwidert – oder hatte zumindest das Gefühl. Die Menschen sangen Lobeshymnen, in denen der Messias gleich zur Rettung gekommen sei. Manchmal sogar mit dem Helikopter. Er besorgte Menschen Genehmigungen für ihren Schweinestall ebenso wie das Geld, um die Tochter zum Studieren nach Wien zu schicken, oder die medizinische Betreuung für die todkranke Frau. Jörg Haider war praktisch der auferstandene Jesus. Der auch noch schön zum Anschauen war, einen Schmäh auf den Lippen hatte und dabei gegen die Fremden und die da oben polterte. Die Nazianbiederungen ignorierte man entweder oder man fand sie ohnehin gut.

Seine neu gegründete Partei wuchs und bei der Nationalratswahl im Herbst 2008 verdoppelte sie ihr Ergebnis auf zehn Prozent. Seinem Erfolg schien nichts mehr im Weg zu stehen. Bis am 11. Oktober 2008 dann die Sonne vom Himmel fiel. Und die Uhren stehen blieben. So sagte man zumindest in Kärnten. Der damalige Kärntner Landeshauptmann verstarb bei einem Überholmanöver. Sein Wagen kam nachts von der Straße ab und überschlug sich drei Mal. Bei 142 Stundenkilometern und mit 1,8 Promille Alkohol im Blut war er sofort tot. Sondersendungen überschwemmten das Fernsehen. In vielen Beiträgen weinten Menschen. Man zeigte ein ganzes Bundesland in Trauer. Angeblich gab es sogar Durchsagen in den Wiener Clubs mitten in der Nacht, dass Jörg Haider soeben gestorben sei.

Dass der Jörg, wie seine Anhänger*innen ihn nannten, durch einen Unfall gestorben sei, wollten viele Menschen nicht glauben. Nur wenige Tage vor seinem Tod war noch ein Musikvideo entstanden, in dem er zusammen mit dem Männerdoppelsextett Klagenfurt das Kärntnerlied »Pfiat Gott, liabe Alm« trällerte. In Tracht besingt er die Heimat und das Brauchtum und kündet davon, sich zur Ruhe zu legen. Konnte das ein Zufall sein? Nein, waren sich viele Kärntner*innen einig, und die Verschwörungstheorien nahmen ihren Lauf. Russland, der Iran oder die Regierung in Wien habe ein Attentat auf den Jörg geplant. Andere sahen die Schuld bei Strache oder den Rothschilds. Die Theorien kannten keine Grenzen und auch keine Beweise. Man konnte nicht akzeptieren, dass der Messias sich einfach selbst aus dem Leben geschossen hatte.

Auch sein Tod beendete den Kult um seine Person nicht. Jedes Jahr pilgern Menschen am Todestag zur Unfallstelle und trauern. Bringen Blumen, Kerzen mit seinem Gesicht darauf und Kränze. Ja selbst einen lebensgroßen Pappaufsteller vom Jörg gab es schon. Das Mysterium um den Erfolg Haiders und seinen Tod beschäftigte Menschen und Medien noch Jahre später. Tatsächlich können sich heute noch viele Menschen daran erinnern, was sie an dem Tag taten, als sie von Haiders Tod hörten.

Ich war zwölf Jahre alt und erinnere mich nicht mehr, wie ich davon erfuhr. Damit scheine ich aber eher die Ausnahme zu sein. Ich habe mich umgehört:

× »Das war ein Wochenendtag, ich stand morgens auf, hab intuitiv Teletext aufgedreht und da stand es.«

× »Wir mussten in der Volksschule am Montagmorgen danach eine Trauerminute einlegen. Hab aber nur verstanden, dass jemand tot ist.«

× »War am Vorabend fort, am nächsten Tag stürmt meine Mutter um halb acht in mein Zimmer: ›Der Haider ist tot, wollt's dich nur wissen lassen, schlaf weiter.‹ Ich hab nicht mehr weitergeschlafen.«

× »Rom, Forum Romanum, Anruf vom Schwiegervater.«

× »In Altaussee, im Urlaub. Zeitig aufgewacht. Radio aufgedreht. Mich in die Wange gezwickt. Nochmals Radio gehört. Den Liebsten aus dem Tiefschlaf geweckt: ›Stell dir vor ...‹«

× »Meine kleine Schwester ist in mein Zimmer gelaufen, hat mich aufgeweckt und gesagt: ›Der Haider ist tot.‹«

- »Die Unfallstelle war am Weg zu unserer Schule. Alle sprachen am Montag darüber, weil der Haider oft in der Schule zu Besuch war.«
- »Ich war in Berlin im Berghain. Kein Witz.«
- »War betrunken am Heimweg, als jemand durch die U-Bahn ging und alle informierte, dass da Haider tot is.«

Kaffeehaus

Österreich ist bekannt für K wie Keller und Korruption, aber auch für die Kaffeehauskultur. Neben Mehlspeisen wie Apfelstrudel, Topfentorte oder Sachertorte gehört ein Kaffee dazu. Und zwar nicht so 'ne Suppe wie der Filterkaffee aus Ostdeutschland, sondern etwas Gscheites eben. Auch wenn die Hipsterias in Wien jetzt auch mit dem cold brewen beginnen, kommt ein richtiger Kaffee in Österreich immer noch von der Kaffeemaschine. Hier ein Crashkurs in Sachen Kaffee:

»Ein kleiner Brauner, bittschen!« = Ein Espresso, zu dem ein separates Kännchen mit Kaffeeobers (also Kaffeesahne) oder Milch serviert wird. Gibt es auch als »großen Braunen«, dann wird daraus ein doppelter Espresso. Auch möglich ist ein »kleiner / großer Schwarzer«, welcher ohne Obers serviert wird.

»Einen Einspänner, bittschen!« = Ein kleiner Mokka im Glas mit viel Schlagobers obendrauf. Seinen Namen bekam der Kaffee übrigens von den Kutschern der einspännigen Pferdefuhrwerke. Sie hielten den Kaffee in der einen Hand und die Zügel in der anderen. Das Schlagobers hielt die Flüssigkeit warm und der Mokka konnte so in den Pausen getrunken werden. Ja, vielleicht erfanden sie den Coffee to go, wer weiß das schon.

»Eine Kaisermelange, bittschen!« = Ein kleiner Schwarzer, der mit Cognac und einem Gemisch aus Honig und Eigelb erweitert wird. Als wäre das noch nicht genug – ist ja schließlich für den Kaiser –, kommt oben noch Schlagobers drauf.

»Einen Fiaker, bittschen!« = Ein Einspänner mit Rum.

»Einen Verlängerten, bittschen!« = Ein Americano; also ein Espresso mit heißem Wasser. Leicht zu merken, denn der Kaffee wird einfach mit Wasser verlängert.

»Eine Melange, bittschen!« = Die Wiener Melange ist typisch für die Wiener Kaffeehauskultur. Dabei wird ein oft milderer Kaffee mit Milchschaum serviert. Und wehe, man verwechselt ihn mit einem Cappuccino oder Latte macchiato oder sonst etwas Neumodernem.

»Einen Franziskaner, bittschen!« = Ähnlich wie der Melange, nur dass geschlagenes Obers (also Sahne) auf dem Espresso thront.

»Einen Maria Theresia, bittschen!« = Schwarzer Kaffee mit einem Schuss Orangenlikör. Hmmmmm, lecker!

»Einen Almkaffee, bittschen!« = Wird auch Gebirgskaffee genannt und ist was ganz Besonderes: Kaffee mit Eidotter, Schlagobers und Obstschnaps.

Wer sich einige Kaffees mit Schuss zu viel gegönnt hat, kann den darauffolgenden Tag mit einem **Katerkaffee** beginnen. Das ist ein besonders starker Kaffee, gesüßt mit Zitronenschalen und geriebenem Zucker.

Kaiserschmarren

Als eine Mehlspeise beschreibt man in Österreich grundsätzlich alle süßen Speisen. Sie können ein Dessert, aber auch eine Hauptspeise sein. Eine der berühmtesten Mehlspeisen überhaupt ist der Kaiserschmarren.

Um seine Entstehungsgeschichte gibt es viele Mythen. In manchen spielt Kaiserin Elisabeth eine Rolle. In anderen Kaiser Franz Josef I. Er soll Palatschinken besonders geliebt haben. Dem Kaiser oder der Kaiserin wurde wohl eine zerfallene Palatschinke serviert. So muss der Schmarren berühmt geworden sein, denn er heißt noch heute so. Jedes Mal also, wenn in der Küche etwas misslingt, besteht die Chance, dass man gerade die nächste Nationalspeise kreiert hat.

Zutaten für richtig geilen Kaiserschmarren
20 dag Mehl
1 Prise Salz
¼ Liter Milch
4 Dotter
4 dag Zucker
4 Eiklar
4 dag Rosinen
etwas Rum

Mehl, Salz und Milch glatt verrühren, nach und nach Dotter und die mit Rum beträufelten Rosinen dazugeben sowie den mit Zucker ausgeschlagenen Schnee leicht unterheben. In einer Pfanne einen Teelöffel Butter erhitzen und den Teig mit einem Schöpfer in die Pfanne geben, bis er circa einen Zentimeter hoch ist. Die Unterseite goldgelb backen und in dieser Zeit unbedingt den Deckel drauf lassen, dann wenden und die zweite Seite goldgelb backen. Anschließend mit zwei Kochlöffeln in der Pfanne zu einzelnen Stücken zerreißen. Dann anrichten und mit richtig viel Staubzucker bestreuen. Als Beilage passt Apfelkompott oder Apfelmus dazu.

Mamas Anmerkung: Der Deckel der Pfanne muss sehr heiß sein, also gut vorgewärmt, dann Butter rein und unbedingt während des Backens die Herdplatte zurückschalten. Sonst verbrennt der geile Schmarren! Mahlzeit!

Keller

Der Keller ist der wichtigste Raum im ganzen Haus. Denn nur dort kann man tun, was man will. Nur dort schauen die Nachbar*innen nicht rein. Nur dort lässt die Frau einen in Ruhe. Nur dort kann man sein, wer man will.

Österreich hat ein schwieriges Verhältnis zu seinen Kellern. Sie brachten das Land immer wieder in Verruf. Selbst im Ausland machen Österreicher mit Kellern noch Probleme. Sie zeichneten das Bild eines Landes voller Psychopathen mit zu gut isolierten Kellern. Ulrich Seidl drehte einen ganzen Film über die Keller im Land. Dort zeigt er unter anderem Männer bei der Wiederbetätigung. Die Bezeichnung entstammt dem Verbotsgesetz von 1947: Es umfasste den Versuch der Wiedererrichtung der NSDAP, die Wiederbetätigung im nationalsozialistischen Sinne, das Leugnen oder Verharmlosen der NS-Verbrechen. In der Praxis sind das auch: Hitlergrüße, Hakenkreuze am Körper oder Holocaustleugnungen.

Danach ging der Fall vor Gericht. Und hier ist der Punkt: Vieles, was im Keller gemacht wird, ist nicht immer ganz legal, gesellschaftlich akzeptiert oder erwünscht. Trotzdem bleibt die Frage: Warum ist das gerade im Land der Alpen so? Warum geht es hier ständig um Keller? Und zwar nicht nur im Zusammenhang mit Verbrechen und Gewalttaten, sondern auch mit Hobbys und Sex.

Vielleicht, weil der Keller heute der einzige Ort ist, an dem alles noch so ist, wie es immer war. Ein Ort der Konstante. Dem die fürchterliche politische Korrektheit, der Feminismus und die Globalisierung wurscht sind. Keller sind immer noch das, was sie auch vor 30 Jahren waren. Im Keller ist man allein mit sich selbst. Oder man bestimmt zumindest, wer dabei sein darf. Im Keller kann man sich die Welt noch machen, wie sie einem gefällt.

Gerade für Männer scheint der Keller eine besondere Stellung einzunehmen. Sie planen und bauen Hobbyräume, Partyräume oder Männerräume. Als wäre nicht ohnehin die ganze Gesellschaft ihr Safe Space, nehmen sie diesen Raum für sich ein. Einen Ort, losgelöst von Normen und Erwartungen und auch von Regeln. Gerade am Land ist es besonders wichtig, was die anderen über einen denken. Darum muss das Leben angepasst werden. Das ist anstrengend. Irgendwann will man schließlich man selbst sein. Im Keller hingegen muss man sich nicht bemühen, jemand anders zu sein. Im Keller kann man sein, wer man ist. Im Keller ist Österreich noch Österreich.

Es braucht den Keller als Ventil, um das Leben zu ertragen. Und vermutlich braucht Österreich auch die Keller, um die Gesellschaft auszuhalten. Nicht auszudenken, wenn die Menschen ihren Marotten oberirdisch nachgehen würden.

Kirche

Ich verbrachte unzählige Sonntagvormittage in der Kirche. Morgens vor dem Mittagessen besucht man den Gottesdienst. Wann genau dieser stattfindet, steht auf einer Tafel beim Ortseingang. Das Wort »Gottesdienst« wird dabei wirklich wortwörtlich genommen und zählt als absolute Pflichtveranstaltung. Wer fehlt, fällt auf. Denn neben Gott geht es hier selbstverständlich vor allem um das Sehen und Gesehenwerden. Als Kind war mir das recht wurscht und ich verbrachte die Stunde in etwa so:

- Die Lesebänder im Gesangbuch flechten.
- Die Lesebänder entwirren.
- Die Lesebänder wieder flechten.
- Mich ärgern, dass ich nicht auf meine Mutter gehört und keine dickere Strumpfhose angezogen habe. Mein Po erfriert.
- Durch die Reihen schauen, wen ich nicht kenne.
- Auf der Bank hin und her rutschen.
- Das Gesangbuch wieder aufheben, nachdem es runtergefallen ist.

- Die Beine überkreuzen (bis es jemand sieht, denn das darf man nicht).
- Schauen, ob Männer einen Hut aufhaben (denn das darf man auch nicht).
- Das Vaterunser fehlerfrei mitsprechen.
- Mutter fragen, wie lange es noch dauert.
- Mir die Robe des Pfarrers im Detail anschauen und mich fragen, wie ich in ihr aussehen würde.
- Den neuen Ministrant*innen zuschauen, wie sie ineinanderlaufen und den Wein im falschen Moment bringen.
- Sie dafür beneiden, dass sie andauernd mit einer Klingel klingeln dürfen.
- Mich fragen, ob ich auch Ministrantin werden sollte.
- Möglichst vielen Menschen vor und hinter mir »Friede sei mit dir« wünschen und ihre Hände schütteln, als wäre es ein Wettbewerb.
- Wieder die Lesebänder im Gesangbuch flechten.
- Fragen, wie lange es jetzt noch dauert.
- Mir die Statue von Jesus am Kreuz genau anschauen.
- Mich fragen, wie schlimm der Schmerz von Nägeln in den Armen sein muss.
- Meiner Freundin ganz hinten winken.

- Die Menschen bemitleiden, die ganz hinten stehen müssen, weil sie zu spät gekommen sind.
- Mir ein neues Gesangbuch suchen, weil mir meines weggenommen wurde.
- Wieder Lesebänder flechten.
- Rot mit Gelb und Blau mit Lila.
- Dann nur einfarbig flechten. Rot mit Rot. Lila mit Lila. Gelb mit Gelb.
- Schnell laut »Amen« sagen und aufstehen.
- Beim Rausgehen Weihwasser auf meine Stirn tupfen.
- Meine Freundinnen suchen.
- Warten, bis Mutter mit allen geredet hat.

Lagerhaus

Ich muss dieses Kapitel leider mit einem sehr tiefen Witz beginnen, den man sich in Oberösterreich erzählt. Er geht so: Warum gibt es im Mühlviertel kein Aids? Weil sie das im Lagerhaus noch nicht im Angebot hatten.

Ich versuche nun, wieder etwas an Niveau zu gewinnen. Das Lagerhaus ist das Landleben in ein Geschäftsmodell gegossen. Die Bedeutung des Lagerhauses kennen darum auch nur die vom Land. Es hat einen Grund, warum es in Wien kein einziges und bei mir zu Hause für die 3000 Einwohner*innen hingegen schon eines und drei Kilometer weiter das nächste gibt. Das Lagerhaus ist kein Baumarkt, keine Tankstelle, kein Minisupermarkt, kein Nahversorger, nein, es ist alles zusammen und noch viel mehr. Egal wie klein das Kaff, ein Lagerhaus gibt es überall. Wird eines eröffnet, spielt die Musi, feiert man ein Fest, ja manchmal gibt es sogar eine Trachtenmodenschau.

Lange hingen die Plakate des Unternehmens überall bei uns im Ort. Auf ihnen war immer Armin Assinger zu sehen. Grinsend, einen Rasenmäher in der Hand. Armin Assinger ist nicht nur ein ehemaliger Skistar, sondern eine österreichische Legende. Auf die Liebe der Österreicher*innen zum Skisport werde ich noch im Detail eingehen (→ *Skifahren*), in Sachen Assinger muss ich nun aber etwas vorgreifen: Assinger fährt schon lange nicht mehr Ski, dafür moderiert er die österreichische *Millionenshow* und kommentiert circa jedes Skirennen. Er war über 16 Jahre das Gesicht des Lagerhauses und verbreitete den Werbespot: »Lagerhaus, die Kraft am Land«.

Alles, was man zum Arbeiten und damit zum Leben braucht, bekommt man dort. Man tankt sein Auto, kann mit dem Traktor sogar bis vor die Tür fahren. Bekommt vom Hochbeet über Sodastream bis hin zur Grillkohle alles. Aber eben auch Traktorteile, Blaumann und Drillmaschine. Außerdem werden hier Äpfel gepresst sowie Heizöl, Wärmedämmung und Holzpellets bestellt. Und das Wichtigste: es ist immer eine Bierkiste im Angebot. Es gibt wirklich nichts, was es im Lagerhaus nicht gibt. Man könnte sagen, dass das Lagerhaus der Tchibo der Bäuerinnen und Bauern ist. Eben weil am Land alle ständig hackeln, Haus bauen und irgendwas mit ihrem Auto machen, brauchen sie dazu Ausrüstung. Den einen speziellen Gartentrimmer und die neue Betonmischmaschine zum Beispiel. Da man nicht jeden Tag in die nächste Stadt zum Baumarkt gurken kann, hat sich das Lagerhaus in der Provinz etabliert. Ist der Beton aus? Braucht der Rasenmäher eine Tankfüllung? Das Lagerhaus hat alles. Wirklich nichts steht somit der niemals enden wollenden Arbeit noch im Weg. Außer die eigene Faulheit natürlich, aber die hat man längst erfolgreich ausgerottet.

Linke

In Österreich gibt es keine große Partei links von der Sozialdemokratie. Nach dem Zweiten Weltkrieg war die Kommunistische Partei Österreichs (KPÖ) zwar bis 1959 im Nationalrat und bis in die 1970er in einigen Landtagen vertreten. Danach schaffte sie es aber nie mehr über die Vier-Prozent-Hürde, um in den Nationalrat einzuziehen. Aktuell liegt die KPÖ sogar unter einem Prozent. Wie konnte es so weit kommen, dass in Österreich schon die SPÖ und die Grünen für einige als der linke Rand durchgehen?

Wieder einmal hat die FPÖ ihre Finger im Spiel. Ab den 1980er-Jahren entwickelte sich die FPÖ zu einer der erfolgreichsten rechten Parteien Europas. Es gelang ihr, die Themen zu bestimmen, die diskutiert wurden. Die FPÖ war eine klassische rechtspopulistische Partei, der es darum ging, mit allen Mitteln möglichst viele Stimmen zu bekommen. Längst war die Partei nicht mehr nur ein Auffangbecken für Altnazis, sondern stellte sich breit auf. Unter Jörg Haider nahm sie die großen Parteien in die Mangel und stilisierte sich als Kämpferin gegen die Eliten. Dazu kam ein aggressiver Wahlkampf gegen Ausländer*innen und gegen die EU. Gleichzeitig nannte sie sich selbst die »soziale Heimatpartei«. Mitte der 90er-Jahre konzentrierte sie sich schließlich noch stärker auf den Patriotismus und die Sozialleistungen für Einheimische.

»Bewahrung der geistigen Grundlagen des Abendlandes«, nannte die Partei das. Die Strategie ging auf: Zwischen 1983 und 1999 verfünffachte sich der Stimmenanteil der FPÖ bei Nationalratswahlen – von fünf auf 27 Prozent. Indem sie den öffentlichen Diskurs immer wieder in Richtung Migration, Sicherheit und Kriminalität peitschte, ließ sie wenig Raum für eine linke Partei.

Natürlich ist das Scheitern der Linken in Österreich nicht ausschließlich der FPÖ in die Schuhe zu schieben. Denn gerade weil sich der Diskurs nach rechts verschoben hat, gibt es durchaus Potenzial für Gegenbewegungen. Und hier sind wir bei der Unfähigkeit der österreichischen Linken angekommen. Anstatt einen mehrheitsfähigen Kompromiss zu finden, streitet man sich untereinander und jede*r kocht sein eigenes Süppchen, anstatt an einem Strang zu ziehen und so den öffentlichen Diskurs zu beeinflussen. Das ist selbst auf kommunaler Ebene bei den Studierendenverbänden zu beobachten. Kein Mensch versteht, worin ihre Unterschiede liegen, und trotzdem treten sie gegeneinander an und dümpeln so in der Bedeutungslosigkeit herum.

Auch der linke Aktionismus ist in Österreich schwach. Natürlich gibt es selbst in Österreich eine Antifa. Denkt man an große linke Aktionen in den vergangenen Jahren, fällt einem dann doch eher die Bannerentrollung der feministischen Burschenschaft Hysteria am Akademikerball ein. Von professionellen Aktionen wie der Besetzung des Hambacher Forsts oder Ende Gelände in Deutschland kann die österreichische Linke nur träumen. Beim Vergleich mit dem rechtsextremen Rand wie etwa den Identitären zeigt sich, dass diese deutlich mehr mobilisieren und mit ihren Aktionen mehr Aufmerksamkeit erzeugen.

Schließlich flogen 2017 sogar die Grünen aus dem Parlament – unter anderem wegen interner Streitereien. Damit verabschiedete sich Österreich von der einzigen linken Partei, bis diese zwei Jahre später dann wiedergewählt wurde und in die Regierung kam. Bei der Wien-Wahl 2020 versuchte immerhin die neue Partei LINKS ihr Glück.

Dass es in Österreich einige Menschen gibt, die eine linke Partei wählen würden, zeigt eine Seite im Internet. Bei dem Projekt Wahlkabine, ähnlich dem Wahl-O-Mat in Deutschland, beantwortet man 25 Fragen. Die Antworten werden mit den Parteiprogrammen abgeglichen, das Ergebnis ist die Partei, mit der man die meisten Übereinstimmungen hat. Bei einigen Menschen kommt am Ende KPÖ heraus. Mittlerweile ist das ein Running Gag: »Laut Wahlkabine bin ich Kommunist*in.« Doch wählen tut sie fast niemand. Dass eine linke Partei in Österreich funktionieren kann, zeigt sich zum Beispiel im südösterreichischen Graz, wo die Kommunistische Partei Österreichs (KPÖ) mit dem Thema Wohnen eine Nische besetzt und bei einer Gemeinderatswahl mit 20 Prozent sogar zur zweitstärksten Kraft wurde. Auch in Landtagen ist die Partei wieder vertreten. Und das will schon was heißen in Österreich – besonders mit dem Namen »Kommunistische Partei Österreichs«.

Linz

Mein absolutes Lieblingsfach war Zeichnen, leider stand das nur ein oder zwei Stunden pro Woche auf dem Stundenplan. Ich hasste Mathe, war wahnsinnig schlecht in Französisch und lernte in zwei Jahren nur, »Je suis très désolée« zu sagen. Was meinen Gefühlszustand in der Schule passend beschrieb. Ich bekam andauernd Halsschmerzen, weil mich die Angst vor den Schularbeiten verfolgte. Ich hatte das Gefühl, immer zu lernen und trotzdem nichts zu schaffen. Meine erste Fünf kassierte ich in Deutsch. Ich konnte meinem Lehrer natürlich nicht erklären, dass ich fast jedes Wort falsch schrieb, weil ich so aufgeregt war, nachdem ich an diesem Morgen zum ersten Mal menstruiert hatte.

Mir wurde immer klarer, dass ich nicht in das katholische Privatgymnasium passte. Schließlich stieß ich auf eine Kunstschule in Linz. Die oberösterreichische Landeshauptstadt fand ich damals natürlich wahnsinnig aufregend, das war endlich mal eine Stadt, also bewarb ich mich. Ich zeichnete bei einem Eignungstest stundenlang einen Korb mit Obst, bastelte eine abstrakte Skulptur aus Zahnstochern und Strohhalmen und versuchte, bei einem Würfeltest mein räumliches Denken unter Beweis zu stellen. Da sich viele Schüler*innen bewarben, machte ich mir keine großen Hoffnungen. Ich stellte mich schon auf vier weitere Jahre ein, in denen es hieß, Mathe und Französisch zu büffeln. Doch dann bekam ich einen Brief mit der Zusage.

Mit dem neuen Schuljahr kam ich raus aus der Provinz. Ich fuhr mit 15 Jahren nun jeden Tag eineinhalb Stunden lang mit Zug und Bus in eine Schule nach Linz. Mein Wecker klingelte um 5:15 Uhr. Ich ging in eine Klasse, in der ich niemanden kannte und in der Schülerinnen und Schüler aus ganz Österreich saßen.

In unserem Jahrgang waren nun Black and People of Color, Mitschüler*innen mit Migrationsgeschichte und LGBTQI*S – auch wenn es diese Begriffe und Selbstbezeichnungen bei uns damals natürlich längst noch nicht gab. Während sich einige als Punks verstanden und abends vor dem Bahnhof abhingen, definierten sich wieder andere als Goths mit schwarzen Lippen und Stacheln um den Hals. Unsere Schule kostete kein Geld und nur wenige wussten, dass es ein derartiges Angebot in einer öffentlichen Schule überhaupt gab. Ich besuchte Fächer wie »Holz«, »Metall«, »Zeichnen«, »Fotografie«, »Video« und »Kunstgeschichte«. Schnitzte Holzschüsseln, baute Steinskulpturen, schliff Silberringe, zeichnete nackte Menschen und viele, viele Obstkörbe.

Meistens verließ ich das Haus morgens um sechs Uhr und kam abends zwischen acht und neun zurück. Im Zug erledigte ich manchmal die Hausaufgaben, meistens schlief ich. Auch wenn mich andauernd eine Durchsage mit den Worten »Halt auf Verlangen« weckte und der Zug insgesamt 25-mal stehen blieb. Ich saß meistens am Fenster und lehnte meine Stirn gegen die kalte Scheibe, während es draußen irgendwie immer stockdunkel war.

Ich freundete mich in der Klasse mit einem Mädchen aus dem Mühlviertel (so heißt der Teil in Oberösterreich oberhalb der Donau) an. Sie hieß Agnes, aber alle nannten sie Og. Diesen Spitznamen hatte sie sich selbst aus ihrem Namen gebaut. Jedes Mal, wenn sie sich vorstellte, sagte jemand, dass das doch kein Name sei, sondern nur zwei Buchstaben. Ein normaler Name hätte auch nicht zu Og gepasst. Zu Beginn waren ihre Haare wasserstoffblond gefärbt und wurden immer gelber. Sie ließ sich von niemandem etwas sagen. Og wusste damals schon genau, was sie konnte und wollte. Sie zeigte mir, wie ich die Unterschrift meiner Eltern fälschen konnte, und so konnten wir ab und zu für ein paar Stunden zusammen Schule schwänzen. So gingen wir nicht zu Religion oder Englisch in die erste Stunde, sondern zu McDonald's am Bahnhof frühstücken. Offiziell hatten an diesen Tagen dann unsere Züge aus komplett anderen Teilen des Bundeslandes exakt die gleiche Verspätung.

Andere fanden sie zu direkt, zu ambitioniert und zu laut. Agnes war der ehrgeizigste Mensch, den ich in meinem Leben getroffen hatte, und trotzdem lernte sie nie für die Schule. Sie schummelte, ohne mit der Wimper zu zucken, schrieb von Zetteln ab, die sie einfach an die Pinnwand neben die Schulaushänge heftete. Sie ging ein halbes Jahr auf Schulaustausch nach Japan, obwohl sie die Sprache nicht konnte und dort niemanden kannte. Während der Schulstunden schrieben wir uns Nachrichten auf Zettel, die wir mit ldüa (liebe dich über alles) unterzeichneten. Agnes war furchtlos und lachte über Dinge, die sonst niemand lustig fand. Sie wurde schnell meine beste Freundin.

Maiandachten

Der Mai ist Marienmonat. Einmal im Jahr kam der Pfarrer in diesem Monat zusammen mit den Ministrant*innen zur Kapelle in unser Dorf. Dazu wurden Bierbänke vor der Kapelle beim Maisfeld aufgestellt und die Marienstatue geschmückt. Im Freien hielt der Pfarrer dann einen Wortgottesdienst ab und alle aus dem Dorf saßen zusammen auf den Bänken und lauschten. Genannt wurde das Ganze Maiandacht. Danach trafen sich die Nachbar*innen und der Pfarrer bei jemandem im Garten zu Bowle und Bier. Die Erwachsenen tranken und wir Kinder spielten auf den Feldern Fangen.

Die katholische Kirche spielte in meiner Kindheit ganz automatisch eine Rolle. Nach der Geburt wurde ich getauft. In der Volksschule gab es dann die Erstkommunion und ein paar Jahre später die Firmung. Weil das schon immer so gemacht wurde. Zu meiner Erstkommunion trug ich das Kleid meiner Schwester. Es bestand aus schlichtem weißem Stoff. Auf dem Kopf hatte ich einen Blumenkranz und in der Hand hielt ich eine Kerze. Die anderen Mädchen trugen Röcke, die mit Tüll aufgebauscht und mit Reifen geformt waren. Ihre Kleider waren mit Spitze bestickt und mit Glitzer verziert. Manche hatten auch kleine Taschen und weiße Lackschuhe mit Absätzen. Sie sahen aus wie kleine Bräute. Ich war wahnsinnig neidisch.

Jahre später stand meine Firmung an. Zur Vorbereitung musste ich einen Kurs besuchen, der bei jemandem zu Hause stattfand. Ich entschied mich, das alles über mich ergehen zu lassen, weil unsere »Firmtante« eine Sodastream-Maschine zu Hause hatte und damit selbst Cola oder Fanta machen konnte. Anstatt mich auf Jesus zu konzentrieren, galt meine Aufmerksamkeit dem Gerät. Ich durfte in den Kursen dann Cola und Himbeerkracherl für alle zubereiten. Am Tag meiner Firmung trug ich einen weiß-orange gestreiften Hosenanzug und dazu einen knallorangen Blazer. In meinen Haaren steckte eine weiße Plastikblume und auf meiner Nase sprießte ein riesiger knallroter Pickel, der sich auf jedem Foto in den Vordergrund drängt. In der Kirche lasen wir Fürbitten, bevor wir das Sakrament erhielten. Danach gab es Kuchen mit den Verwandten im Garten und mein Pickel ließ sich endlich ausdrücken.

In Österreich leben rund 8,9 Millionen Menschen. 73 Prozent von ihnen glauben laut der europäischen Wertestudie an einen Gott. Etwa fünf Millionen sind Teil der katholischen Kirche. Das ist mit 59 Prozent der Bevölkerung in Sachen Konfession die größte Gruppe. Zum Vergleich: In Deutschland ist die größte Gruppe die der Konfessionsfreien (38 Prozent). Christlich-orthodox sind in Österreich 500000 Menschen, 300000 sind evangelisch, 700000 Muslim*innen und etwa 15000 jüdischen Glaubens.

Als Kinder waren Erstkommunion und Firmung die großen Ereignisse im Leben, bei denen es endlich einmal um einen selbst ging. Und eben um Gott. Damals fragte niemand, ob wir an Gott glaubten, ob wir unser Leben mit der katholischen Kirche verbringen wollten und was das noch mal genau mit der Hölle war. Warum? »Weil es immer so war« – nicht ohne Grund auch der Slogan des ehemaligen Vizekanzlers Michael Spindelegger. In der Kirche war man eben, wie man auch im Supermarkt oder auf dem Gemeindeamt war.

Mamas Käsenockerl

Mein absolutes Lieblingsgericht sind Käsenockerl. Die isst man in ganz Österreich gern. Normalerweise ist es auch das einzige vegetarische Gericht auf der Karte. Nockerl taugen außerdem praktischerweise auch als Beilage zu jedem Fleisch oder im Gulasch. Aus Tirol und Vorarlberg kommen bekanntlich die besten Käsespätzle, wie man sie dort nennt. Ich bin zwar aus dem Norden Österreichs, kann aber trotzdem ganz akzeptable Käsenockerl machen. Natürlich hat mir auch das meine Mama beigebracht. Für das Buch ließ ich es mir noch mal bis ins Detail erklären und wir besprachen ausführlich, wie es sein kann, dass es in meinem Haushalt keinen Spätzlehobel gibt. Den braucht man nämlich – für das Rezept und im Leben generell! Hätte sie das gewusst, hätte sie mir längst einen geschenkt. Im Lagerhaus wäre der übrigens gerade im Angebot. Na ja. Keine Sorge, das Rezept funktioniert auch ohne Spätzlehobel.

Zutaten für Mama und Papa, und es bleibt noch etwas übrig (also 3 Personen)

30 dag Mehl
Salz und Pfeffer
1 Ei
¼ Liter Milch

5 dag Butter
1 Handvoll Käse nach Belieben
1 Prise Muskatnuss
1 Zwiebel
Petersilie

Am besten lässt man die Butter schon Stunden davor draußen stehen, damit sie schön weich ist und man sich das Schmelzen erspart. Dazu gibt man schließlich ein Ei, Mehl und Milch. Rührt den Teig und würzt mit Muskatnuss (Prise), Salz (ein Teelöffel) und Pfeffer (Prise). Der Teig muss nicht glatt, sondern sollte zähflüssig sein. Falls er zu fest ist, einfach etwas Wasser oder Milch hinzufügen. Mit dem bereits erwähnten Nockerlhobel stellt man schließlich die Nockerl her, indem man den Teig über den Hobel reibt. Wer den nicht hat, sticht mit einem Messer kleine Nockerl heraus und wirft diese einzeln ins Wasser. Dort kochen sie dann ein bis zwei Minuten, bis sie oben schwimmen. Schließlich abseihen und mit kaltem Wasser abspülen.

Eine Zwiebel klein schneiden und in einer Pfanne mit Olivenbratöl erhitzen, bis sie goldbraun ist. Dann die Nockerl dazugeben und schließlich auch den Käse. Ob Mager- oder Fettkäse, ob stinkend oder nicht, ist egal. Ich mag am liebsten Emmentaler, weil der nicht die ganze Wohnung vollstinkt. Kurz den Deckel drauf, warten und erst dann umrühren. Die Käsenockerl sollten etwas knusprig werden, aber nicht anbrennen. Warten, bis sich Käsefäden bilden und sich Teig und Käse verbinden. Schließlich mit Kräutersalz und Petersilie servieren. Dieser Gaumenschmaus kostet auf einer Skihütte im Österreichurlaub locker mal 14 Euro, also Mahlzeit!

PS: Zur Bärlauchzeit kann man übrigens auch Bärlauchpesto mit der Milch vermischen und hat am Ende Bärlauch-Käse-Nockerl (auf der Skihütte locker 16 Euro).

Medien

Sind die österreichischen Medien wegen des Einflusses der Politik so, wie sie sind? Oder ist die Politik wegen des Einflusses der Medien so, wie sie ist? Mittlerweile ist es schwer zu sagen, wer für was verantwortlich ist. Seit wann sich die Katze in den Schwanz beißt und wer hier nun wen steuert. Denn dass Österreich so ist, wie es ist, hat viel mit den Medien im Land zu tun und umgekehrt.

Der mediale Diskurs wird massiv von der Boulevardpresse bestimmt. Im Unterschied zu Deutschland gibt es hier nicht nur eine *Bild*-Zeitung, sondern gleich mehrere. Platzhirsch ist seit Jahren die *Kronen Zeitung*. Sie gilt als eine der mächtigsten Boulevardzeitungen der Welt. Sie hat eine Auflage von mehr als 700000 Exemplaren täglich, im Verhältnis zur Einwohner*innenzahl ist das so, als würden von der *Bild* nicht 1,3, sondern 6,4 Millionen Ausgaben verkauft werden. Die *Krone* erreicht damit in Österreich mehr Menschen als die fünf nächstgrößten österreichischen Tageszeitungen zusammen. Ihre Ausrichtung erklärte der ehemalige Herausgeber einmal so: »Kinder, Mädchen, Tiere. So ist die richtige Reihenfolge.« Dazu kommt ein Kolumnist, dem man laut Gerichtsbeschluss zwar keinen Alkoholkonsum bei der Arbeit nachsagen, den man aber durchaus »Sudelfeder« nennen darf. Er wurde vom österreichischen Presserat so oft verurteilt wie noch kein anderer zuvor.

Als wäre die *Krone* nicht schon genug Boulevard für ein kleines Land, kommen noch die Gratiszeitung *Heute,* die an sämtlichen U-Bahn-Stationen ausliegt, und das Boulevardblatt *Österreich* dazu. Letzteres verkündet regelmäßig den Weltuntergang und zitiert auch mal Zombieexperten. Auch wenn die Untergangsszenarien bisher nicht eingetroffen sind und keine Zombies gesichtet wurden, lesen die Menschen fleißig weiter. Dazu kommen bei beiden frei erfundene Interviews und andere Fake News. Ihre Macht ist immens. Wolfang Fellner, der Herausgeber von *Österreich,* soll einmal zu einem Regierungsmitglied gesagt haben: »Ich mache Minister und ich stürze sie.«

Parallel übernehmen rechtsextreme Blogs und Social-Media-Kanäle von Politiker*innen immer stärker die Rolle der Medien, zum Beispiel unzensuriert.at. Das Blog wird immer wieder für seine rassistischen und diskriminierenden Inhalte kritisiert. Auch Heinz-Christian Straches Facebook-Seite, die mehr als 700000 Abonnent*innen hatte, bestimmte lange Zeit den Diskurs im Land mit. Nach dem Ibiza-Skandal herrschte ein Streit zwischen ihm und der Partei, wem die Seite denn nun gehört. Bis heute ist sie darum offline (Stand: August 2020). Aber auch Sebastian Kurz erreicht mittlerweile fast eine Million Menschen auf Facebook. Oft sind es die Medien, die auf das Verbreiten ihrer Inhalte durch Politiker*innen hoffen, und nicht etwa umgekehrt.

Die österreichische Medienlandschaft ist außerdem extrem konzentriert und wenig unabhängig, da viele Medien zu denselben großen Verlagen gehören, die wiederum stark mit Parteien oder parteinahen Unternehmen verwoben sind. So haben selbst die Raiffeisenbank und die katholische

Kirche ihre Finger im Spiel. Die ÖVP-nahe Bank besitzt Anteile an der Tageszeitung *Kurier*, am Privatfernsehen und sogar an den Sendeanlagen des ORF. Ein Verlag im Eigentum der Kirche hält außerdem mehrere Tageszeitungen, Frauenzeitschriften und Onlineplattformen sowie weitere Anteile am Privatfernsehen. Eine wichtige Stellung haben auch einige Familien und die damit verbundene »Freunderlwirtschaft«, wie man auf Österreichisch dazu sagt. So ist etwa die Herausgeberin und Geschäftsführerin von *Heute,* Eva Dichand, verheiratet mit Christoph Dichand, dem Chefredakteur und Erben der *Kronen Zeitung.*

Eine weitere Machtstellung hat der öffentlich-rechtliche Rundfunk – der ORF. Er ist mit Abstand das größte Medienunternehmen des Landes. Mit Nachrichtensendungen wie der *Zeit im Bild* erreichte der Sender während des Corona-Lockdowns gar einen Rekord von 2,8 Millionen Zusehenden. Das entspricht einem Marktanteil von 67 Prozent. Schon lange debattiert man über seine Unabhängigkeit und mögliche Einflussnahmen aus der Politik. Im obersten Gremium üben sowohl die Länder als auch der Bund Druck aus. Der FPÖ ist der öffentlich-rechtliche Rundfunk naturgemäß seit jeher ein Dorn im Auge. Von Hetze über »Staatsfunk«, »Zwangsgebühren« und »Lügenpresse« geht man bis zu offenen Drohungen. In der Regierung von FPÖ und ÖVP strebte man deshalb auch den »Umbau« des ORF an und wollte die Gebühren abschaffen. Stattdessen sollte der ORF aus dem Regierungsbudget finanziert werden und hätte damit die (verbliebene) Unabhängigkeit verloren. Doch dann kamen Ibiza und die Auflösung der Regierung dazwischen.

Ein wichtiger Player ist auch das Red Bull Media House. Denn dieser Verlag hat Kohle. Dietrich Mateschitz wurde mit dem Energydrink Red Bull zum Milliardär. Er gründete ein Medienhaus mit einem eigenen Sender und unterschiedlichen Printtiteln. Diese bewegen sich zwischen der Romantisierung des Landlebens und der Idealisierung von Sport und Politikformaten, in denen rechtsextremen Identitären eine Bühne geboten wird. Oder eine Sendung namens *Der Wegscheider*, die offiziell ein satirischer Kommentar sein soll, gerne aber von rechten Politiker*innen geteilt wird, weil ihre Ansichten dort lang und breit ausbetoniert werden. Mateschitz initiierte auch die Stiftung Quo Vadis Veritas, welche hinter der Rechercheplattform Addendum stand. Sie befasste sich wöchentlich mit einem Thema und stellte sich Fragen wie: »Ist Demokratie wirklich so eine gute Idee?« Der Milliardär stellte das Medium im Sommer 2020 überraschend ein.

Gibt es in Österreich also keine Qualitätsmedien? Doch, aber die haben es schwer. Wie etwa der *Falter*. Die linksliberale Wiener Wochenzeitung veröffentlichte einige Skandale wie etwa die Liederbuch- oder Schredder-Affäre und war auch an der Aufdeckung des Ibiza-Skandals maßgeblich beteiligt. Die Tageszeitung *Der Standard* verfügt über eines der größten Onlineforen des Landes. Sie wurde 1988 nach dem Vorbild der *New York Times* gegründet. Dann gibt es noch das feministische Magazin *an.schläge*. Sowie die recht neuen linken Medien *Tagebuch* und *Moment*.

Wer nicht dem Boulevard angehört, hat es in Österreich nicht leicht. Denn die Presseförderungen und die Inseratvergaben der Politik tragen maßgeblich zum Überleben bei. Und ÖVP und SPÖ füttert wiederum lieber den Boulevard und rechte Medien, um sich selbst das Überleben zu sichern. Und hier sind wir wieder bei der Katze, die sich in den Schwanz beißt.

Moped

Eine Zeit lang war mir ein Moped wichtiger als Handy und Internet. Und das sollte was heißen. Ab 15 Jahren darf man in Österreich Moped fahren. Dazu macht man einen Kurs inklusive Fahrsicherheitstraining und danach geht's los. Mopedfahren war Freiheit und dazu noch wahnsinnig cool, das redeten wir uns zumindest alle ein. Mein Bruder fuhr als Teenie eine wunderhübsche schwarze Vespa. Davon träumte ich auch.

Ich machte den Mopedführerschein und als ich endlich 15 wurde, konnte ich überall hinfahren, wo ich wollte. Ich erbte ein altes Puch-Maxi-Mofa von meiner Schwester. Es war knallorange und sah aus wie eine Mischung aus Fahrrad und Moped. Es hatte nur einen Sitz und hier lag mein Problem: Was brachte mir die neu erworbene Freiheit, wenn ich sie mit niemandem teilen konnte?

Es fuhr etwas schneller als die erlaubten 45 Kilometer pro Stunde, nachdem es meiner Schwester einmal an einer Ampel eingegangen war und ein Typ etwas daran herumgeschraubt hatte. Man nennt es »aufmotzen« und man spricht davon mit einer großen Ernsthaftigkeit. Ein gutes Moped war nämlich aufgemotzt. Puch ist mittlerweile zu einer der Kultmarken der Hipster geworden. Obwohl die Räder und Mopeds seit einem Vierteljahrhundert nicht mehr produziert werden, kennt jeder die österreichische Hausmarke. In Wien werden Puch-Rennräder für kleine Vermögen verkauft. Mir war das mit 15 Jahren ziemlich wurscht. Ich wollte meine Freund*innen mitnehmen können, die alle etwas jünger waren als ich und somit noch nicht Moped fahren durften. Ich lag meinen Eltern schon Monate vor meinem 15. Geburtstag in den Ohren. Ähnlich wie sie davon überzeugt waren, dass wir keinen Pool brauchten oder wir uns eh ein Handy teilen konnten, gaben sie auch im Mopedkonflikt nicht nach.

Eines Tages brachte mich ein Nachbar auf die Idee, in der Nachbarschaft Geld für ein gebrauchtes Moped zu sammeln. Ich hielt das damals ernsthaft für eine gute Idee und nicht etwa für sehr, sehr peinlich und ging mit einer Spardose, auf der »Moped« stand und ein ausgedrucktes Google-Bild einer Vespa klebte, von Haus zu Haus. Bereits nach dem zweiten Haus beendeten meine Eltern die Aktion. Was würden die Nachbar*innen denken!

Wenige Wochen später holten wir mein neues Moped ab. Es war ein gebrauchter Plastikbomber, der nur aus der Ferne, wenn man die Augen zusammenkniff, eventuell Ähnlichkeiten mit einer Vespa hatte. Meistens sprang er nicht an und machte Faxen, ich konnte damit auch nicht allzu weit fahren, aber er hatte zwei Sitze, ein Fach für meinen Helm und ich war glücklich.

Musikschule

Dienstagnachmittags hatte ich meine Klavierstunde. Ich lernte Klavier, aus dem einfachen Grund, dass wir eines zu Hause hatten. Es war klein, hellbraun und stand direkt neben der Rudermaschine, dem Gymnastikball und dem Hometrainer. Es roch in dem Raum immer ein bisschen nach Schweiß und es war immer kalt. Es wurde schließlich nicht geheizt, weil man dort ja Sport machen wollte, und trotzdem nannten wir es »das Klavierzimmer«.

Den Unterricht besuchte ich in der Musikschule im Ort, die direkt über der Volksschule und neben dem Kindergarten war. Dort hingen bunt bemalte Notenschlüssel und Fotos von Kindern bei Auftritten an den Korkwänden. Von mir war nie eines dabei. Aber dazu komme ich noch. Am Boden duellierten sich Grau- und Beigetöne im Linoleum. Darauf stand ein echter Flügel. So einer in glänzendem Schwarz und mit dem passenden Hocker. Mein Klavierlehrer hieß Franz oder Hans oder Sepp. Ich weiß es nicht mehr. Er trug immer eine Lederjacke. Egal, ob es draußen 30 Grad hatte oder minus fünf. Er ging mehrmals während der Stunde »kurz eine rauchen«. Roch abwechselnd nach Tschick und Wurstsemmel. Er spielte selbst in einer Band und war damit Rock 'n' Roll. Er versuchte jahrelang, mir die Noten beizubringen. Grundsätzlich kannte ich sie auch und wusste, was ein D und was ein E war. Nur spielen konnte ich sie nicht. So zeichnete ich mir Finger und Tasten neben die Noten oder lernte die Abfolge auswendig, in der meine Finger über die Tastatur wandern mussten. Mein Klavierlehrer versuchte währenddessen, in mir eine Liebe für Klassik oder zumindest Boogie zu entfachen. Ich wollte aber immer nur das eine Lied aus dem Soundtrack von *Die fabelhafte Welt der Amélie* lernen.

Jede Woche erklärte er mir, dass ich dringend selbst zu Hause üben müsse. Wir hätten ja auch ein Klavier. »Eva, wirklich, bitte!« Das wäre auch dringend nötig gewesen. Aber ich konnte die Noten ja nicht. Wenn er nicht die Abfolge ansagte oder sie mir vorzeigte, konnte ich nichts Neues spielen oder üben. Das sagte ich ihm aber natürlich nicht, sondern nickte nur jedes Mal. Jede Stunde begann mit der Frage: »EVA, hast du dieses Mal geübt?« Und endete mit: »EVA, bitte dieses Mal wirklich!« Jedes Mal spielte ich dann aber wieder denselben Scheiß zusammen wie auch in der Woche zuvor. Er stempelte mich aber lange nicht als hoffnungslosen Fall ab, sondern glaubte, mich motivieren zu können. Wenn ich endlich mal üben würde, würde das alles schon was werden mit mir. Wie ein Mantra wiederholte er das jede Stunde. Und wenn ich mich dann verbessern würde, dürfe ich vom Notenbuch »Klassik für Anfänger« zu »Boogie für Anfänger« wechseln.

Für mich wurde es irgendwann normal, dass ich dienstags einen Anschiss bekam. Jedes Mal im Auto nach meiner Stunde fragte mich meine Mutter:

»Und, wie war's?«

»Mehr üben, hat er gesagt.«

»Ach ja.«

Neujahrskonzert

Mit dem Neujahrskonzert startet Österreich in jedes neue Jahr. Seit über 80 Jahren gibt es diese Tradition. Die Eintrittskarten sind heiß begehrt und werden verlost. Manche Fans warten Jahrzehnte darauf, dabei sein zu können. Über 50 Millionen Menschen auf der ganzen Welt sehen sich die Übertragung im Fernsehen an.

In den prunkvollen Räumen des Wiener Musikvereins spielen die Wiener Philharmoniker Polka, Walzer und Märsche. Jedes Jahr sind der Walzer *An der schönen blauen Donau* von Johann Strauss (Sohn) und der *Radetzky-Marsch* von Johann Strauss (Vater) dabei. Dazwischen läuft österreichische Tourismuswerbung.

Im Publikum sitzen Österreichs wichtigste Politiker*innen und Prominente. Das ganze Spektakel gleicht einer einzigen Österreichwerbung. Das Land zeigt sich von seiner schönen Seite: Blumen, klassische Musik, keine Politik, viel Kultur und Eleganz. Das ist Österreich. Aber auch sehr weiß und männlich. Bisher dirigierten ausschließlich Männer das prestigeträchtige Konzert. Auch im Orchester spielen deutlich mehr Männer als Frauen. Ansätze dafür, das endlich mal zu ändern, gibt es nicht.

Begründet wurde die Tradition übrigens, als der Propagandaminister Goebbels die Bevölkerung damit von den

Gräueltaten der Nazis abzulenken versuchte und in Kriegszeiten etwas Spaß haben wollte.

Prosit Neujahr!

Nikolaus

Am 6. Dezember wird der heilige Nikolaus gefeiert. Dazu verkleiden sich meistens Männer als Nikolaus und gehen von Haus zu Haus. Meine Eltern mussten sich im Pfarramt in eine Liste eintragen, damit der Nikolaus zu uns zu Besuch kam. Mit roter Mütze, langem Stab in der Hand und weißem Rauschebart läutete er dann an der Tür. In der Schule lernten wir ein Nikolausgedicht auswendig, das wir dann aufsagen mussten. Das allein war schon Stress genug, doch der Nikolaus kam nicht allein. Mindestens ein Krampus begleitete ihn.

Der Name leitet sich vom mittelhochdeutschen Wort »Krampen« für Kralle ab, im Bayerischen steht »Krampn« für etwas Lebloses, Vertrocknetes, Verblühtes oder Verdorrtes. Und so sieht er auch aus: ein wildes Tier mit Hörnern, abstehender Mähne, Krallen, Weidenruten und Glocken in der Hand und einer furchterregenden Fratze. Am 5. Dezember hört man die teuflische Tiergestalt ihre Glocke läuten und ihre Rute auf den Boden aufschlagen, am Tag darauf begleitet sie den Nikolaus. Der Krampus, auch Kramperl, Bartl, Knecht Ruprecht oder Herr Percht genannt, erledigt die schmutzige Arbeit für den Nikolaus. Denn jedes Kind weiß: Gute Kinder bekommen Süßes, böse nimmt der Krampus mit!

Seit den 2000ern haben auch die sogenannten Perchtenläufe extremen Zuwachs erlebt. Bei Hunderten Veranstaltungen in der Winterzeit verstecken sich (vor allem) Männer unter hässlichen Fratzen und laufen durch die Straßen. Unter dem Schutz der Anonymität schlagen die Krampusse mit ihren Ruten aus Zweigen auch mal Zusehende und Kinder. Jedes Jahr gibt es haufenweise Meldungen wie »16-jähriger Tiroler bei Krampuslauf in Mittersill schwer verletzt«, »Krampus drischt auf Auto ein und stürzt zu Boden« oder »Elfjähriges Kind bei Perchtenlauf verletzt«.

Mittlerweile herrscht ein Alkoholverbot auf den Veranstaltungen. Trotzdem häufen sich die Vorfälle. Während die einen darin Brauchtum und Tradition sehen, fordern andere eine kritische Auseinandersetzung mit der Auslegung. Eine Studie der Universität Hamburg hat das Phänomen der Perchtenläufe untersucht und kam zu dem Ergebnis, dass dem Boom der Perchten die Sehnsucht nach einer »eindeutigen, selbstbewussten und heteronormativen Männlichkeit« zugrunde liegt. Denn dieses Rollenbild findet in der Lebensrealität der Männer keinen Platz mehr, da sich die Gesellschaft und mit ihr Arbeitswelt und Beziehungsformen längst geändert haben. Krampus zu werden, sei für viele junge Männer eine Möglichkeit, sich in den andauernd aufkommenden Konflikten zu behaupten.

Noch heute sind einige Feiertage mit Drohungen und Bösewichten verbunden. Nur wer brav ist, zu dem kommt das Christkind, und nur wer artig war, dem bringt der Osterhase ein Nest. Und nur wer das Gedicht aufsagen kann, bekommt ein Sackerl voll mit Süßigkeiten und Mandarinen vom Nikolaus. Ansonsten warten die Fänge des Krampus und ein Sack Kohle. Derartige fragwürdige Pädagogik war in Österreich lange verbreitet. Erpresserische Erziehung war Konsens. Heute weiß man, dass in vielen Schulen und Heimen Gewalt Alltag war – sowohl verbal als auch physisch.

In anderen Gemeinden kamen die Krampusse auch mit ins Haus, saßen während des Gedichts und der Benimmlektion neben den Kindern und fuchtelten mit ihren Klauen herum. Die autoritäre Strategie funktionierte, mehrmals im Jahr dachte ich darüber nach, was der Nikolaus wohl von dieser oder jener Entscheidung halten würde und ob mich der Krampus dieses Jahr mitnehmen würde. Und entschied mich des Öfteren aus Angst gegen Schabernack. Der Nikolaus schaute bei seinem Besuch in seiner Mappe nach, wie man sich das Jahr über verhalten hatte (was ebenfalls die Eltern aufschrieben), und zählte Ereignisse auf, bei denen man sich besser hätte verhalten können. Ich musste dem Herrn Nikolaus zur Strafe einmal meinen heiß geliebten Schnuller aushändigen. Heute weiß ich, dass sich unser Nachbar unter dem Rauschebart versteckte und er sich wahrscheinlich einfach nur ein Bier gewünscht hätte.

Der österreichische Schauspieler Christoph Waltz erklärt den Brauch in der US-Late-Night-Show von Jimmy Fallon trocken so: »Es ist ein katholisches Land. Es funktioniert über Traumatisierung.«

Oberösterreich

Mit einem Bier in der einen Hand und einer Käsekrainer in der anderen steht man zusammen vor dem Grill auf der Terrasse. Die aus Wien sind auf Besuch. Dahinter das neu gebaute Haus. Fast fertig. Nur die Fassade muss noch gemacht und die Einfahrt betoniert werden. Es folgen typische Sätze, die in einem Gespräch am Land vorkommen:

- »Wie geht's euch beim Hausbauen?«
- »Versteh ich total, Doppelgarage braucht ma einfach.«
- »Pool auch!«
- »Schulden sind eh in 40 Jahren abbezahlt.«
- »Den zweiten Kredit haben wir für den Lift aufgenommen, wenn wir mal alt sind, werden wir froh sein.«
- »Also ICH könnt mir das ja NICHT vorstellen, in der Stadt zu wohnen.«
- »Es ist schon sehr laut und dreckig in Wien.«
- »Und überall sind so viele Leut!«

- »Und die kommen von überallher!«
- »Und nie findet man einen Parkplatz!«
- »Kennst du zufällig den Sebastian? Der studiert ja auch in Wien.«
- »Ah nicht? Schad. Und den Gernot?«
- »Nach dem Studium kannst du ja wieder nach Haus kommen und den Dachboden ausbauen.«
- »Wenn du Kinder hast, wirst du wissen, wovon ich red.«
- »Kinder brauchen einfach einen Garten.«
- »Hast du das gehört, dass sie in Wien letztens erst wieder wen auf der Straße erstochen haben?«
- »Früher hätt's so was ja nicht geben!«
- »Das find ich ja schon arg, dass man sich jedes Mal vorm Rausgehen fürchten muss.«
- »Der Franz hat uns auch eine Alarmanlage gekauft und Kameras im Garten installiert, weil man weiß ja nie!«
- »Letztens ist da ein fremdes Auto durch unsere Straße gefahren. IM SCHRITTTEMPO!«
- »Das war sicher kein österreichisches Kennzeichen, das sag ich dir!«
- »Ist schon gefährlich hier, ich hab in der *Rundschau* gelesen, dass während der Urlaubszeit die Einbrecher kommen.«

- »Die kommen aus dem Ostblock mit den Lieferwägen und räumen ganze Häuser aus!«
- »Ja, ich sag ja, warum wegfahren, wenn's hier eh so schön ist?!«
- »Nach jedem Urlaub denk ich mir, daheim ist's viel schöner.«
- »I hätt gern an Schnaps.«
- »Es ist eh schon nach zwölf Uhr mittags, dann nehm ich gleich zwei.«

Oma

Meine Oma trug jeden Tag eine Küchenschürze und ihre silbern ergrauten Haare elegant mit vielen Nadeln zu einem Knödel zusammengesteckt. Wenn ich heute an sie denke, schmecke ich Rote Beete und Karotten auf meinen Lippen. Sie machte täglich Saft. Sie nannte das entsaften. Dazu warf sie Obst und Gemüse in eine weiße Maschine (den Entsafter) und drückte mit einem Aufsatz darauf. Dann heulte es auf und selbst die Karotten wurden zerschmettert. Wir mussten alle ihren Saft trinken, wenn wir sie besuchten. War man da nicht dabei, wurde der Saft in Einmachgläsern nach Hause geliefert. Zuverlässig versorgte sie uns so alle mit Vitaminen, ob wir wollten oder nicht.

Lange dachte ich, dass der Vorname meiner Oma »Oma« sei. Alle nannten sie Oma, egal ob sie ihre Oma war oder nicht. Während des Kriegs mussten sie und ihre Schwester am Bauernhof statt der Männer mitarbeiten, die einberufen worden waren. Nach dem Krieg lernte sie meinen Opa im Zug kennen. Er arbeitete als Schmied in dem Haus, in dem auch ich später aufgewachsen bin. Er verstarb lange vor meiner Geburt. Da ihre Schwester nie heiratete und einen Platz zum Wohnen für die Pension (also fürs Alter) brauchte, zog sie zu ihr ins Haus und schlief im selben Raum wie sie. Wir nannten sie die »Tant' Marie«. Damals sprach man davon, dass sie eben »übrig geblieben« sei, weil sie nie geheiratet hatte. Meine Oma gab sich nach dem Tod ihres Mannes keine Chance, sich noch einmal zu verlieben. War einmal ein Mann zu Besuch im Haus (der nicht zur Familie gehörte), durfte sich dieser nicht einmal setzen. Selbstverständlich bekam er auch keinen Kaffee angeboten. Was würden denn die Leute denken?

Meiner Oma waren Disziplin und Glaube sehr wichtig. Sie erzog ihre Kinder und Enkelkinder streng. Ich wurde über zehn Jahre nach meinen Geschwistern geboren und hatte bei meiner Oma als Nachzüglerin eine andere Stellung. Wenn ich zu Besuch war, durfte ich (fast) alles. Wir pflanzten zusammen Salat und Radieschen im Gemüsebeet. Sie verwöhnte mich mit Essen, wir kochten Schnitzel, Apfelstrudel, Erdbeergatsch oder faschierte Laibchen. Einmal machten wir sogar selbst Schokolade, die wir dann in Eisenformen gossen. Ich durfte so viele Pralinen essen, wie ich wollte. Sie schmeckten herrlich nach Butter, Zucker und Kakao.

Egal, was man meiner Oma zu kaufen oder auszuprobieren vorschlug, sie antwortete jahrelang immer das Gleiche: »Das zahlt sich bei mir nicht mehr aus!« Sie tat, seit ich sie kannte, so, als würde sie am nächsten Tag sterben. So zahlte sich kein neuer Kochtopf mehr aus, keine neue Schürze und kein Urlaub. Zum Geburtstag schenkten wir ihr trotzdem eine Reise ans Meer, weil sie es noch nie in ihrem Leben gesehen hatte. Ich durfte nicht mit, weil es keinen Platz im Auto gab. Ich sah später die Bilder von Oma am Strand. Sitzend auf einer Liege in Italien. Mit nackten Füßen, die den Sand berührten, verwehten Haaren und einem Lächeln.

Als meine Oma vor Jahren dann tatsächlich starb, brach für mich eine Welt zusammen. Als wir den Partezettel, also die Sterbeanzeige, in den Händen hielten, blickte meine Oma ernst und gleichzeitig frech in die Kamera. Um den Hals hing ihr eine lange Kette. Ich hatte sie nie mit Schmuck gesehen, schließlich war sie ständig am Arbeiten. Sie hatte sich damals für das Foto zurechtgemacht. Nun blieb von ihr dieses Bild zurück, das so gar nicht zu ihr passte.

Opferthese

Österreich ist immer das Opfer. Das gilt nicht nur für die Nazizeit, sondern auch für alles andere. Tief in der österreichischen Seele hat es sich eingebrannt: Wir können nichts dafür. Die anderen sind schuld. Die da oben. Oder die da unten. Früher war das Land Hitlers erstes Opfer. Heute eben das der EU. Irgendwer nutzt es immer aus. Will es unterwandern oder von oben dirigieren.

Laut einer Befragung denkt rund die Hälfte der Bevölkerung heute, dass der Nationalsozialismus Österreich »nur oder großteils Schlechtes« gebracht habe. Rund ein Drittel sieht aber sowohl Gutes als auch Schlechtes im Nationalsozialismus. Der sogenannten Opferthese stimmen heute weniger Menschen zu als noch vor zehn Jahren. Heute sieht jede*r Vierte*r Österreich als erstes Opfer des Nationalsozialismus. Zehn Jahre zuvor empfand das noch jede*r Dritte so. Sich selbst als Opfer darzustellen, war in Österreich lange verbreitet. Die Argumentation ging Hand in Hand mit Argumenten wie: Das war eine andere Zeit. Niemand könne sagen, wie er*sie sich im Krieg verhalten hätte. Österreich hatte keine andere Möglichkeit.

Ich erinnere mich an den Tag im Gymnasium, als wir uns zum ersten Mal mit dem Nationalsozialismus beschäftigten. Wir lernten die Daten des Kriegs. Wir erfuhren vom Genozid an Millionen Menschen. Wir besuchten ehemalige Konzentrationslager und eine Euthanasieanstalt. Danach beschäftigten wir uns mit dem Widerstand. Wir sollten in unseren Familien nachfragen und Geschichten des Widerstandes erzählen. In den folgenden Wochen lauschten wir den nacherzählten Erlebnissen einer polnischen Großmutter einer Mitschülerin, die Jüdinnen und Juden in ihrem Haus vor den Nazis versteckt hatte, und lasen Tagebucheinträge über den Widerstand. So wurden im Privaten nur die positiven Geschichten thematisiert. Die Rolle der Täter*innen und Mitläufer*innen besprachen wir hingegen abstrakt. Mit der viel relevanteren Frage »Was, wenn Oma und Opa Nazis waren?« setzten wir uns gar nicht auseinander.

Krieg ist nie ein einfaches Thema. Die eigene Verantwortung im Nationalsozialismus noch weniger. Ich merkte schnell, dass es mir nicht leichtfiel, meiner Familie Fragen zu stellen. Ohne dass ich viel wusste, gab mir Nachfragen das Gefühl, das Andenken meiner Großeltern unnötig zu beschmutzen. Schweigen ließ Gras über die Geschichten wachsen und jede Frage riss es büschelweise wieder heraus. Als ich damals nachfragte, erfuhr ich, dass meine beiden Großväter in den Krieg einberufen worden waren und einer bis zum Schluss an der Ideologie der Nazis festgehalten hatte. Widerstand hat in meiner Familie niemand geleistet.

Erst Jahre später beschäftigte ich mich wieder mit dem Thema. Las Artikel und Bücher von Journalist*innen, die oft durch Zufall Briefe oder Tagebucheinträge von Verwandten in die Finger bekamen und entdeckten, dass jemand ihrer Familie glühender Nazi war. Meistens läuft es so ab: Die Kriegsenkel*innen beschäftigen sich erst als längst Erwachsene mit der Vergangenheit der eigenen Großeltern im Krieg und dann sind diese meist nicht mehr am Leben. Auch die eigenen Eltern sind dabei keine große Hilfe. Auch sie waren auf Schweigen, Lügen oder Streitereien gestoßen. Darum sagen sie: Das war damals eben so. Die Kriegsenkel*innen bleiben mit Fragen zurück: Waren Opa oder Oma Nazis? Was bedeutet das für mich? Die eigene Identität? Die eigene Familie? Wie konnte das sein und warum wurde das nie besprochen? Und warum sprechen wir heute nicht darüber?

Es sind die Fragen, die Österreich und Deutschland seit vielen Jahren beschäftigen. Besonders in der eigenen Familie sind sie schwer zu beantworten. Denn bei jedem Gespräch geht es um mehr als nur die Vergangenheit. Es geht um Familie, Konflikte, Verletzungen und viele Fragezeichen. Jedes Mal, wenn ich meine Großeltern auf den Schwarz-Weiß-Bildern betrachte, lassen mich die Fragen nicht los. Ich würde viel dafür geben, sie ihnen zu stellen. Ich lese das Buch *Das Erbe der Kriegsenkel – Was das Schweigen der Eltern mit uns macht* von Matthias Lohre. Er beschreibt darin die Suche nach seinen verstorbenen Eltern und erkennt seine Verantwortung als Kriegsenkel. Er sagt: »In den Seelen vieler Kriegskinder rangen zwei Sehnsüchte miteinander. Einerseits wollten sie die Fehler, Lügen und Verbrechen der Älteren nicht gutheißen, indem sie schwiegen. Andererseits spürten sie den starken kindlichen Wunsch, die eigenen Eltern zu bewundern und zu lieben.«

Diesen Konflikt spürt man oft bis heute, wenn man nachfragt und die immer gleichen Antworten bekommt. Während in vielen Wohnzimmern noch Fotos von den Großeltern oder Urgroßeltern in Naziuniform hängen, erzählt man nur die Geschichten aus dem privaten Umfeld, die die Menschlichkeit der Angehörigen betonen. Die Zeit rund um die Verbrechen der Nazis ist so gut erforscht wie keine andere Epoche. Und trotzdem wissen die meisten über das Kriegserbe ihrer Familien nur sehr wenig.

Einige Klicks fallen daher manchmal einfacher als das ständige Bohren in der eigenen Familie. Wer mehr über die Vergangenheit seiner eigenen Familie im Nationalsozialismus wissen will, muss Gespräche führen. Aber es gibt auch andere Möglichkeiten, an Informationen zu kommen. Ich sammle alle Daten über meine Familie und schicke sie dem Österreichischen Staatsarchiv. Die Bearbeitung kostet zwischen 40 und 90 Euro, je nach Rechercheaufwand. Rund 1,25 Millionen Österreicher*innen waren Angehörige der deutschen Wehrmacht. Wessen Großeltern dieser angehört hätten, der*die hätte gute Chancen, an Informationen zu gelangen, lese ich auf der Seite des Archivs. Mehr als 400000 Wehrstammbücher und Personalakten werden hier verwahrt. Die Geschichte des Staatsarchivs geht zurück auf Kaiserin Maria Theresia, die dort ein geheimes Hausarchiv einrichtete. Das Archiv verwahrt heute die Daten der Ersten und der Zweiten Republik sowie aus der Zeit der Zugehörigkeit Österreichs zum nationalsozialistischen Deutschen Reich. Aber auch Unterlagen des Kaiserhofes der Habsburgermonarchie und des Heiligen Römischen Reichs sowie das Habsburg-Lothringische Hausarchiv.

Wie schwierig die Aufarbeitung auch in der eigenen Familie ist, wird mir so richtig erst durch die Gespräche und die damit Hand in Hand gehenden Konflikte klar. Ich merke aber, dass die Recherche mir hilft. Wer sich erinnern will, muss erst mal wissen. Meine Mutter erklärte mir, dass ihr schon als Kind zu verstehen gegeben wurde, dass man über den Krieg nicht spricht. Auch Jahrzehnte danach, als ihr Vater längst verstorben war, sprachen sie in der Familie nicht über den Krieg. Auch in der Schule lernte sie so gut wie nichts über die Zeit. Jedes Mal, wenn sich das Unterrichtsthema in Geschichte dem Zweiten Weltkrieg näherte, war das Schuljahr vorbei, und im Jahr darauf begann man mit der Nachkriegszeit. Als wäre die Zeit dazwischen nie passiert. Ihre Mutter wuchs auf einem Bauernhof in Oberösterreich auf. Alle Männer auf dem Hof waren in den Krieg einberufen worden. Meine Oma und ihre Schwester mussten für sie mitarbeiten. Doch auch dort im Nirgendwo müsse man etwas von den Gräueltaten der Nationalsozialist*innen mitbekommen haben, bohrte ich ungeduldig nach. Mitbekommen habe man natürlich die Auswirkungen, aber über die große Politik sprach dort niemand. Sie hätten immer nur gebetet und gebetet. Heute ist es unmöglich zu rekonstruieren, wie es tatsächlich war. Schließlich wurde ja nie darüber gesprochen.

Sie gibt mir die Briefe ihres Vaters, also meines Großvaters, die dieser im Krieg an seine Mutter schrieb. Darin erzählte er vom Krieg, von Russland und vom fehlenden Essen. Er schrieb ihr davon, dass es kalt und nass ist, dass er Hunger hat und sie vermisst. Dass er sich um den kaputten Herd kümmern würde, wenn er zurückkommt, und in jedem Brief sorgte er sich um ihre Gesundheit und ihr Leben, wenn es wieder Bomben hagelte. Er schickte ihr Zigaretten, damit sie diese gegen Briefmarken tauschen konnte. Meine Urgroßmutter hat alle Briefe aufbewahrt. Wie er zum Krieg stand, geht aus ihnen nicht hervor. Sie drehten sich ausschließlich um Privates. Nur kurz vor Kriegsende schrieb er, dass Goebbels gerade gesagt habe, dass sie immer noch gewinnen könnten.

Von meinem anderen Opa finde ich zwei Bücher, die ihm einst gehört haben. In schwarzen Lettern steht auf dem einen *Der Österreich Anschluss 1938 – Zeitgeschichte im Bild*. Darunter sind lachende Soldaten der deutschen Wehrmacht zu sehen. Das Buch erschien in den 1970er-Jahren. Ich blättere durch die glatten Seiten. Zahlreiche Schwarz-Weiß-Bilder, dazwischen Text. Der Bildband erzählt eine andere Geschichte über den Krieg, als wir sie heute kennen. »Den Schulkindern, die nach dem Frühjahr 1938 geboren sind, werden ganz andere Schilderungen gegeben, als sie der Wahrheit entsprechen. Es ist ein erschreckender Vorgang, dass in einem Zeitalter, dessen Menschen im Gegensatz zu früher alle Ereignisse in Bild, Film und Ton genauestens festhalten können, neue Generationen in Widerspruch zu diesen Dokumenten unterrichtet werden.« Unermüdlich betont der Autor die tiefe Ergriffenheit der Bevölkerung und ihre Zustimmung zum Anschluss und rechtfertigt damit die Taten des Nationalsozialismus. Fotos, die sich über ganze Seiten erstrecken, zeigen wie als Beweis vor Freude weinende Frauen und stolze Männer. Vor ihnen steht Hitler.

Das andere Buch ist verstaubter. Bei jedem Umblättern verströmt es einen modrigen Dachbodengeruch. Es hat den Krieg überlebt. Die Seiten sind aufgebläht und gefleckt. Das Cover ist längst vergilbt und in Spinnweben verfangen, doch Hitler ist noch im Umriss zu erkennen. *Adolf Hitler und sein Weg zu Großdeutschland,* steht da. Es ist eine Art Fotosammelalbum mit Text. Dazwischen sind unzählige kleine Fotos geklebt, die man kaufen konnte. So wie heute die Sammelalben mit Stickern aus dem Supermarkt. Das Sammelbuch kostete eine Reichsmark, lese ich auf der Rückseite. Die Schrift ist für mich schwer zu entziffern, aber mit der Zeit funktioniert es ganz gut. Manche der kleinen Bilder lösen sich bereits von den Seiten. Doch sie sind alle da. Wurden alle einzeln eingeklebt. Vermutlich von meinen Großeltern.

Die Geschichte beginnt in Hitlers Geburtshaus in Braunau. Führt über seine Jugend zum Krieg. Klassenfotos und Bilder von »der ärmlichen Wohnung des Führers in seiner Wiener Zeit« reihen sich aneinander. Dazwischen immer wieder antisemitische Aussagen. Oder Bilder von Frauen, die bei Hitlers Anblick dahinschmelzen und als die »Glücklichen« beschrieben werden. Hitler erzählt in diesem Propagandabuch ebenfalls seine ganz eigene Version der Geschichte.

Das Buch endet 1939 mit einer Zeichnung, die einen starken, aufrecht stehenden Mann zeigt, neben dem drei Männer mit antisemitischen Charakterisierungen knien. Daneben die Wörter: »Unter seiner Führung hat dieses erneuerte Deutschland unvergängliche Werte und Werte des Friedens geschaffen – und unter Adolf Hitler wird es, das ist unser aller unerschütterliche Überzeugung, auch den uns aufgezwungenen Kampf um unser völkisches und staatliches Dasein siegreich beenden.«

Irgendwann bekomme ich die Rechercheanfrage des Staatsarchivs zurück. Eine Stunde hätte man gesucht, gefunden hätten sie leider nicht viel. Das könne aber auch daran liegen, dass die Nachnamen so verbreitet waren.

Ostern

Meine Schwester ist Religionslehrerin. Das vorweg. Wie das in unserer Familie passieren konnte, kann sich niemand so ganz erklären, denn so gläubig ist dann eigentlich doch niemand. Einmal überredete sie mich, mit ihr in den Ostergottesdienst zu gehen. Es sei der höchste Feiertag des Christentums, schließlich besiegte Jesus dem Glauben nach den Tod. Es sei eine feierliche Messe, ja es würde sogar Spaß machen, sagte sie.

Die Kirche im Ort war bis auf den letzten Platz gefüllt. Es war der Samstagabend vor dem Ostersonntag – Primetime sozusagen. Zuerst waren alle traurig, Jesus war ja tot. Die Menschen saßen mit gesenktem Blick auf den Bänken. Trauer. Reue. Trauer. Reue. Irgendwann wurden die mit lila Tüchern bedeckten Jesusfiguren und Bilder enthüllt. Der Pfarrer las die Bibelstelle der Auferstehung vor. Als Maria vor dem leeren Grab ihres Sohnes steht. Schließlich sangen wir Halleluja und hielten Kerzen in den Händen. *Das Grab ist leer (Jesus lebt! Ja, er lebt).* Die Menschen blickten weiter auf den Boden, litten, waren gedanklich längst irgendwo anders oder eingeschlafen. *Er ist erstanden, halleluja!* Auch der Pfarrer sang in derselben monotonen Tonlage dahin, während die Gläubigen ihm nachsprachen. *Er lebt! Er lebt, der Siegesheld!* Ein Chor aus zutiefst depressiven und leidenden Stimmen brabbelte weiter: *Freuet euch, das Grab ist leer!*

Je mehr man auf den Text der Lieder und Gebete hörte, desto skurriler wurde das. Meine Schwester musste sich irgendwann ihre Hände vor den Mund halten, weil sie sich das Lachen nicht mehr verkneifen konnte. Wir saßen kichernd auf der Holzbank wie die Teenager im Schulgottesdienst. Die Bank wackelte schon, aber wir konnten einfach nicht mehr aufhören. Jedes Wort des Pfarrers verstärkte alles nur noch. Auch seine warnenden Blicke ließen uns nicht verstummen, sondern noch mehr lachen.

Kein Gottesdienst hat mehr Lesungen und Programmpunkte als der in der Osternacht. Der Pfarrer liest sowohl im Alten als auch im Neuen Testament. Schöpfungsbericht, der Durchzug durch das Rote Meer, Auferstehung. Bis zu neun Lesungen können es sein. Darum dauert diese Messe auch mehrere Stunden. Dazwischen wird gesungen und gebetet. Dazu wird eine Lichttechnik aufgefahren, die selbst Scooter neidisch machen würde. Licht aus. Osterkerze an. Weihrauch. Lichter verteilen. Boom, Lichter wieder an. Dann ein Gloria und ein Halleluja obendrauf.

Vor lauter Zelebrieren kratzte man an diesem Abend die Kurve nicht mehr. Schoss an der Auferstehung glatt vorbei. Am größten Feiertag der katholischen Kirche herrschte in der Kirche eine Trauerstimmung, als wäre Jesus ein zweites Mal gestorben. Meine Schwester hatte schon überall rote Flecken und schien nur noch schwer Luft zu kriegen in ihrem verzweifelten Versuch, nicht laut loszulachen. Ich blickte auf die Jesusfigur vor mir. Am Kreuz hängend,

Blut aus den Wunden tropfend. Was müsste er denn noch machen als von den Toten wiederauferstehen, dass man in der katholischen Kirche einmal fröhlich sein durfte? *Halleluja!*

Parteibuch

In Österreich gibt es vieles gleich zweimal. Zwei Autoclubs, zwei Hilfsorganisationen, zwei Versicherungen, zwei Banken, zwei Sportverbände. Über Jahrzehnte schafften ÖVP und SPÖ in fast jeder Branche ihre eigenen Institutionen. Je nach Parteibuch schickte man seine Kinder schließlich in den roten oder schwarzen Sportverband, war in dem einen oder anderen Autoclub Mitglied, und selbst welches Rettungsauto jemanden holt, hängt mit dem Parteibuch der Gemeinde zusammen.

Wolf Haas hat diese Skurrilität in einen Roman gepackt. *Komm, süßer Tod* wurde später auch mit Josef Hader verfilmt. Darin bekriegen sich die beiden großen Rettungsdienste in Wien. Der Konkurrenzkampf geht sogar so weit, dass der eine oder andere Patient deswegen schon mal draufgeht oder Menschen überfahren werden. Hauptsache, man bekommt den Kranken und nicht die Deppen von der Konkurrenz. Der Roman ist gar nicht so weit von der Realität entfernt. Im Land konkurrieren tatsächlich das (ÖVP-nahe) Rote Kreuz und der (SPÖ-nahe) Samariterbund miteinander. Im schwarzen Oberösterreich sagt man darum im Schmäh auch: Pass auf, sonst holt dich der Samariterbund! Oder wer unzufrieden ist, fragt gehässig: Hast du deine Ausbildung beim Samariterbund gemacht?

In der Corona-Krise wurde der Kampf auch auf nationaler Ebene entfacht. Da das Rote Kreuz ständig in den Medien war, die Corona-App entwickeln durfte und sich während der Pandemie als der Experte darstellte, warf der Samariterbund der Regierung (ÖVP und Grüne) vor, ihn auszuschließen. Ebenfalls vom Parteibuch abhängig ist, welcher Autoclub bei einem Unfall zur Hilfe kommt. Denn auch hier gibt es wieder zwei. Den (ÖVP-nahen) ÖAMTC und den (SPÖ-nahen) ARBÖ.

Als Kind waren für mich Institutionen wie das Lagerhaus, die Raiffeisenbank, der ÖAMTC, das Rote Kreuz und der Union Club ganz normal. So war das halt. Bei uns am Land gab es schließlich nur das. Erst viel später erkannte ich, dass es das alles ein zweites Mal gab und nur wir in Oberösterreich davon nichts mitbekamen.

Party

Mit dem Alter tauschten wir den Wald gegen Sportplätze und Garagen ein und damit kam der Alkohol in unser Leben. Meinen ersten Rausch bescherten mir einige Flaschen Eristoff Ice. Ogs Cousin besorgte den Alk mit dem Moped im nächsten Ort bei einer alten Frau namens Marianne, die in ihrem kleinen Geschäft unter der Hand Alkohol an Minderjährige verkaufte.

Ich ließ das picksüße Gesöff meine Kehle runterlaufen und dachte mir: Wie geil ist das, es schmeckt wie ein Softdrink. Und genau das war das Problem. Zeitungen und Nachrichten warnten damals vor den Gefahren der Alkopops und des Komasaufens. Es häuften sich die Nachrichten von Kids, die sich mit Mixgetränken ins Koma getrunken hatten. Darum sprachen auch unsere Eltern dauernd davon. Alle warnten uns vorm Komasaufen, während wir es längst taten. Die ersten Male tranken wir, bis wir kotzten. Ich kotzte an diesem Abend am Sportplatz auch. Während wir nebeneinander auf der Zuschauer*innentribüne saßen, beugte ich mich einfach nach vorne und all der Eristoff Ice verließ meinen Körper. Was mich trotzdem nicht von meinem ersten Zungenkuss mit Agnes' Bruder wenige Minuten später abhielt. Beim nächsten Saufen wusste man es im Idealfall schon besser.

Mit 13, 14, 15 Jahren war Alkohol das Spannendste, das es in unserem Leben gab. Am besten eigneten sich die Sommerferien zum heimlichen Saufen. Bei irgendjemandem waren die Eltern immer im Urlaub. Ich schrieb in meinen Kalender, wann meine Freundinnen sturmfrei hatten. Als meine Eltern einmal weg waren, holten Maria und ich Bierflaschen aus dem Keller und tranken sie im Bett meiner Eltern. Dabei machten wir Hunderte Fotos, die wir niemals jemandem zeigen konnten. Uns schmeckte Bier zwar nicht, wir fanden es sogar unfassbar grauslich, aber wir kamen uns dabei unpackbar rebellisch vor. An anderen Tagen tranken wir die klaren und farbigen Flüssigkeiten anderer Eltern. Sie brannten in der Kehle, ließen unsere Knochen schwer und die Gedanken nebelig werden. Ein paar Shots aus jeder Flasche, danach füllten wir sie wieder mit Wasser auf. Am nächsten Tag wachten wir mit dem Kater des Jahrhunderts auf. Unsere Eltern beschwerten sich nie, dass der teure Whisky irgendwie komisch aussah, dass im Limoncello doch mal mehr drin gewesen war oder dass der Wodka irgendwie wässrig schmeckte. Bis heute weiß ich nicht, ob sie uns das einfach durchgehen ließen oder ob unsere Vertuschungen tatsächlich so erfolgreich waren.

Österreicher*innen trinken gern. Im Durchschnitt 12,2 Liter reinen Alkohol pro Jahr. Damit ersäuft sich die Alpenrepublik einen Spitzenwert im europäischen Vergleich. Nur Litauen mit 12,7 und Estland mit 12,3 trinken noch mehr. Pro Kopf und Jahr genießt jede Person in Österreich im Durchschnitt 104 Liter Bier. Alkohol war am Land immer und überall präsent. Alle Älteren, die wir cool fanden, waren ständig besoffen. Selbst im Freibad lungerten die coolen

Kids auf den Bänken ganz hinten, versteckt unter den Bäumen. Sie rauchten und tranken. Die Mädchen am Schoß der Jungs und ein Eristoff Ice in der Hand.

Egal, wie groß oder schön die Häuser mancher meiner Freund*innen waren, gefeiert wurde immer im Keller oder in der Garage. Wir verbrachten unzählige Abende auf harten Bierbänken in ungeheizten Betongaragen oder in modrigen, im Après-Ski-Style geschmückten Kellerräumen. Vergangenes Jahr baute sich ein Freund von früher ein wunderschönes Haus: große offene Wohnküche. Mit einem riesigen Tisch und einer noch größeren Couch. Ist ein Vorglühen oder eine Party bei ihm, sitzen wir wieder alle im Keller im Partyraum. Das Wohnzimmer soll schließlich neu und sauber bleiben. Einmal gelernt, bekommt man es nicht mehr aus dem Kopf: Gesoffen wird kompromisslos im Keller. Oder eben am Sport- oder Parkplatz.

Als ich um die 15 Jahre alt war, durfte ich langsam mit dem Ausgehen anfangen und musste damit nicht mehr im Keller saufen. Bei uns sagt man dazu »fortgehen« und dieses Wort bedeutete für mich alles. Für einige Jahre drehten sich fast jedes Gespräch und jeder Streit mit meinen Eltern ums Fortgehen. Wie oft, mit wem, wie lange, wohin. Die meisten begannen mit dem Fortgehen auf den Zeltfesten, da man dort auch mit schlecht gefälschtem Ausweis (wie etwa mit Tintentod geändertem Geburtsjahr) leicht reinkam und man, wenn man die Veranstalter*innen kannte, ein Band ums Handgelenk bekam, das einem auch den harten Alkohol zugänglich machte. Und man kannte immer jemanden. Die Zeltfeste hießen »Sommerfest Dingenskirchen«, »Disco-Night Dingensing« oder benannten sich auch einfach nach der Postleitzahl, in der das Festzelt aufgestellt wurde. Veranstalter waren abwechselnd die Freiwillige Feuerwehr oder die örtliche Landjugend.

Die Landjugend ist eine Art Jugendorganisation, die die jungen Menschen am Land verbinden soll. Grundsätzlich ist es eine parteilose Organisation, die einen positiven Beitrag zur Gemeinschaft im ländlichen Raum leisten soll. Bei uns lief das aber Hand in Hand mit der ÖVP – wie eben alles andere auch. Der positive Beitrag bestand bei uns vor allem aus Partys, Festln und Vorglühen im Vereinshaus. Tranken die Leute genug, gab es danach ein neues Feuerwehrauto oder die Landjugend finanzierte ihren nächsten Sauftrip.

Gefeiert wurde im Zelt, wo eine Rock-Coverband die immer gleichen Songs schmetterte, *Summer of '69* oder irgendwas von Bon Jovi, Liquido, AC/DC, Nena, Nirvana oder STS. Meistens trug die Band lahme Wortspiele als Namen. Wie The Coverage, weil sie Lieder coverten, oder The We, weil The Who eben schon vergeben war. Meistens sang ein Typ mit Pferdeschwanz und Ziegenbärtchen oder eine Frau in knalliger Lederjacke. Mit der Zeit stiegen die Leute von den Bierbänken auf die Tische. War noch etwas mehr Zeit vergangen, fielen die ersten auch wieder runter – der ewige Kreislauf des Zeltfests. Irgendwelche Gruppen polterten immer, also feierten ihren Junggesell*innenabschied, und verkauften billigen Fusel und Kondome aus ihren Bauchläden, irgendwer lief immer in Tracht rum und irgendjemand hatte Sex im Maisfeld daneben.

Ab dem 16. Geburtstag durfte man offiziell trinken – wenn auch nur Bier und Wein – und damit auch in die Clubs. In der Nähe gab es aber natürlich keine Clubs, und so mussten wir einigen Aufwand treiben. Regelmäßig fuhren wir in gemieteten Bussen oder Autokolonnen in eine 30 Minuten entfernte Großraumdisco. Keine der tausend Kurven war uns zu mühsam, obwohl manche schon beim Hinfahren kotzten. Egal, ob massenhaft Schnee fiel oder es in Strömen regnete, wir mussten dahin.

Wir fuhren in einen Club, der sich selbst als Oberösterreichs größter Nachtclub mit der modernsten Lichtanlage und den besten Acts moderner Clubmusik feierte. Manchmal tanzten halb nackte Go-go-Tänzer*innen auf der Bühne. Und manchmal traten Erotikstars auf. Autofahrer*innen, die im Club einen (negativen) Alkoholtest machten, erhielten für den nächsten Besuch gratis Eintritt. Es gab Themenabende wie »One night in XXL«, wo besonders große Männer und Frauen mit besonders großer Körbchengröße gratis reindurften und Prosecco umsonst bekamen. Am Eingang lag ein roter Teppich und dahinter stand eine Fotowand. Der Club der Superlative überspielte mehr oder weniger geschickt, was er eigentlich war: eine Bauerndisco. Bei uns ging das Marketing auf jeden Fall auf.

Dort angekommen, lief jeder Abend für uns nach dem gleichen Muster ab: Gleich zu Beginn zahlte einer der Jungs in der Runde ein Wodka- oder Sektboot. Dabei schwamm eine Flasche in einer Wanne voller Eis, rundherum lagen Beigetränke (immer Red Bull). Je nachdem, wie groß oder teuer der Alkohol war, versprühten bei der Übergabe auch Spritzkerzen ihre Funken. Im Idealfall glotzte der ganze Club auf dich und dein Boot. Während aus den Boxen der immer gleiche EDM-Beat schallte, Nebel über die Tanzfläche zog und nervös bunte Lichter flackerten, leckten wir an diesen Abenden Blut. Wodkabull schien unser Ticket aus der Provinz in die Metropole. Dass ausgerechnet dieses

Getränk die Provinz widerspiegelt wie kein anderer Drink, kam uns nicht in den Sinn.

Wodkabull ist in Österreich das Getränk der Hackler*innen schlechthin. Egal ob sie auf der Baustelle oder im Büro arbeiten. Es wird nach Feierabend getrunken, um länger wach zu bleiben und loslassen zu können. Es putscht auf, beflügelt das Ego und entfernt dich von dir selbst. Eine US-Studie hat herausgefunden, dass Wodkabull ähnlich wie Kokain wirkt. Leider auch mit denselben Langzeitfolgen. Wer also in seiner Jugend viel Wodkabull getrunken hat, kämpft im Alter mit ähnlichen Problemen im Belohnungszentrum des Gehirns wie Kokainabhängige. Wir erinnern uns an das Ibiza-Video.

Weil ich mein eigenes Geld verdienen wollte und ohnehin oft da war, begann ich, an den Wochenenden in der Disco zu arbeiten. Zuerst an der Kasse beim Eingang und später an der Bar im Tempel. So nannte sich der Hauptraum im Club. Am frühen Abend, wenn wir die Getränke vorbereiteten und Gläser spülten, fehlte dem Club jeder Glanz. Nüchtern betrachtet ekelten einen die roten Wände, die Fake-Kristallleuchter, die verklebten Teppichböden und die stinkenden Aschenbecher an, sie erinnerten an ein schmuddeliges Puff. Kaum wurden aber die Neonlichter ausgemacht, die Tanzflächen beleuchtet und die Musik laut aufgedreht: *»Here's my key philosophy. A freak like me just needs infinity.«* Der Ausbruch aus der Provinz konnte beginnen.

Während ich in die Schule ging und der Matura immer näher kam, arbeiteten die meisten meiner Freund*innen im Dorf schon längst Vollzeit oder schlossen ihre Lehre ab. Das brachte ihnen einerseits Geld für Alkohol, andererseits auch die Berechtigung zum Saufen. Sie lebten *work hard, play hard,* während David Guetta Songs darüber machte. Während der Woche hackelten sie auf der Baustelle, am Fließband oder waren auf Montage. Freitags und samstags wollten sie sich einfach nur ansaufen, wie sie ihren Ausgleich nannten. Ich arbeitete meist einen Abend am Wochenende und gab am anderen das Geld wieder aus. Meine Haare wurden immer blonder und ich immer oberflächlicher.

Ich verkaufte Wodkaboote an Lehrlinge, die an diesen Abenden ihr ganzes Gehalt an der Bar ließen. Es gab einige Regeln im Service, die ich schnell lernte. Erstens: Wir feiern mit den Gästen. Immer. Jedes Getränk, das mir angeboten wurde, musste ich trinken oder zumindest so tun als ob. Zweitens: Wir waren immer gut drauf. Drittens: *We dress to party*. Für Frauen bedeutete das hohe Schuhe, kurze Röcke, Dekolleté, auffälliger Schmuck oder viel Make-up oder alles zusammen. Ich trug meistens hohe weiß-goldene Lackstiefel aus den 90ern, neonfarbenen Lidschatten bis zu den Augenbrauen, Spaghettiträgertops und Shorts. Ich lernte schnell: In so einem Club verkaufte man nicht nur Getränke, sondern zu einem Teil auch sich selbst.

Als Gast wurde ich ständig von Typen ekelhaft angemacht und angegrapscht. Hinter dem Tresen hatte zumindest ich die Macht über die Getränke, war geschützt und konnte Geld damit machen. Ich arbeitete hauptsächlich für das Trinkgeld, das mein Festgehalt meistens übertraf. Mein Glück war, dass der Preis der Wodkaflaschen der Schwanzvergleich war. Es ging nur darum, wer welche Flasche für seine Freund*innen kaufte und wie teuer sie war. Ich verdiente an der Produktion ihrer Männlichkeit mit und fand das nur fair.

Noch heute gehen meine Hände in die Luft und mein Herz schlägt etwas schneller, wenn ich den Beat von lauter Clubmusik höre und den Geschmack nach Wodka und Gummibären auf meiner Zunge spüre. Nicht weil ich auch nur irgendwas davon besonders mag, sondern weil es mich an die Nächte erinnert, in denen ich zum ersten Mal dieses Gefühl verspürte: wenn die Euphorie des Alkohols einsetzt, die Energie der tanzenden Menschen dich ansteckt und du vor Freude, dass endlich was los ist, nicht zu grinsen aufhören kannst.

Piefke

Wer in Österreich aufwächst, kommt um die Vorurteile gegenüber Deutschen nicht herum. Die Deutschen und ihre übertriebene Arbeitsmoral (lächerlich). Die Deutschen, die uns unsere Studienplätze wegnehmen (unerhört). Die Deutschen, die in Funktionskleidung durch Wien laufen (spießig). Deutschsein wird grundsätzlich als Synonym für alles Negative benutzt – meist für nervtötende Korrektheit oder spießige Humorlosigkeit.

Beschwere ich mich zum Beispiel, dass jemand zu spät kommt, heißt es: Sei nicht so deutsch. Bei der Fußball-WM (bei der die »eigene Mannschaft« selten dabei ist) oder beim Wintersport sind die Österreicher*innen grundsätzlich für jede andere Mannschaft. Nach dem Motto: Hauptsache, Deutschland verliert.

Als meine Cousine nach Deutschland (München wohlgemerkt) ging, fragten alle ständig: »Wie geht's dir da drüben?« Als ich in der Schule für ein Referat Hochdeutsch üben musste und ich auf dem Weg nach Hause mit meinem Nachbarn sprach, fuhr er mich an: »Eva, jetzt red ned so g'schert!« (Also dumm und mit schlechten Umgangsformen.) »Du klingst jo wie a Piefke.«

Außer es geht um Politik und Wirtschaft, dann blickt das Land nur allzu gerne zum Nachbarland hinüber, benutzt es als Vorbild, lästert aber hinter seinem Rücken weiter. Deutschsein ist hierzulande eine Beleidigung. Und das, obwohl gar nicht so wenige Menschen in Österreich von einem deutschen Volk träumen. Oder zumindest in Burschenschaften Mitglied sind, die das tun.

Vielleicht ist der Deutschlandhass genau darum das Österreichischste überhaupt, denn er versinnbildlicht die Widersprüchlichkeit. Österreich mag Deutschland nicht, wär aber eigentlich gern wieder ein Teil davon oder beneidet es zumindest um so einiges. Wie ein beleidigtes Kind strampelt es am Boden, wirft um sich, stößt alles weg und will auf keinen Fall Hilfe oder Tipps von der großen Schwester oder dem großen Bruder.

Der deutsche Wissenschaftler Thomas Köllen hat dem Antigermanismus eine ganze Studie gewidmet und erklärt gegenüber *VICE* die Abwertung Deutschlands als eine Art Aufwertung Österreichs: »Eine Art Selbstvergewisserung, dass man als Nation doch toll ist.« Der Journalist Werner Reisinger beschreibt in der *Wiener Zeitung,* dass Österreich es verpasst habe, einen inklusiven, offenen Patriotismus abseits chauvinistischer Stereotypen aufzubauen. Er begründet es damit, dass Österreich nach der NS-Zeit immer stärker zu Nicht-Deutschland wurde. Die Parteien der Nachkriegszeit bemühten sich, das Image der Monarchie, inklusive Sissi-Filme, zu romantisieren. Als Art kultureller Zuckerguss über das ehemalige Naziland sozusagen.

Nicht ohne Grund ist es in Österreich ein beliebter Witz, dass Beethoven Österreicher und Hitler Deutscher war. Tja, so einfach ist es. Österreich ist eben nie schuld. Es scheint, als braucht das Land Deutschland aber ganz dringend, um eine eigene Identität zu konstruieren. Auch wenn in Österreich die Menschen den wenig schmeichelhaften Deutschlandhass in der Öffentlichkeit nur allzu gerne abstreiten, haben es Deutsche in Österreich sicher nicht so einfach wie Ösis in Deutschland. Allen, die mir widersprechen, rate ich, sich einmal die Kommentare unter einem Artikel durchzulesen, in dem es jemand in einem österreichischen Medium wagt, das Wort »lecker« zu benutzen. Auch wenn es tatsächlich kein passendes österreichisches Synonym für das Wort gibt, provoziert es jedes Mal Deutschlandhass und Angst um die österreichische Identität. Als ich vor einiger Zeit einmal in einer Kolumne über den Deutschlandhass schrieb, widersprachen mir Hunderte Österreicher*innen. Und mindestens genauso viele Deutsche, die in Österreich lebten, bedankten sich bei mir. Dafür, dass ich benannte, was sie hier gefühlt hatten und nicht einordnen konnten.

Umgekehrt ist es nämlich genau andersrum: Die Deutschen mögen die Ösis. Auf Partys in Berlin werde ich vorgestellt als »Das ist Eva, sie ist aus Österreich!«. Aus Österreich sein gilt plötzlich als mein Markenzeichen. Denn die Deutschen finden es »krass, aber total herzig«, wie ich spreche. Wenn ich zum Mülleimer Mistkübel sage oder abends auf ein Seiterl gehen will, sind sie kurz davor, mir den Kopf zu tätscheln. Auch wenn mich Norddeutsche meist lange gar nicht verstehen, erinnert sie mein Dialekt an ihre schönsten Österreichurlaubsgeschichten. Die sie mir auch jedes Mal voller Freude erzählen. Warst du schon mal am Attersee? Was, ja, so schön! Und wie sagt ihr noch mal zum Brötchen? Ah ja, Semmel, so lustig, ich sag es dir!

Interessanterweise scheinen sich die Ösis in Deutschland auch nicht benehmen zu müssen. Ein österreichischer Kollege ist notorisch unfreundlich. Sagt immer, was er denkt.

Spricht Dinge aus, die eigentlich total beleidigend wären. Sagt grundsätzlich zu jeder Bitte einfach mal Nein. Und wenn er schlecht drauf ist, grunzt er nur. Seine Kolleg*innen nehmen ihm das aber nie übel. Denn sie vermuten darin den berühmten Wiener Schmäh.

Die meisten Deutschen wissen auch nicht, dass sie in Österreich wenig liebenswürdig als Piefke betitelt werden. Mich überrascht das jedes Mal. Wie man diese Feindseligkeit nicht bemerken kann. Dass Deutschsein eine Beleidigung ist und dass nicht jede Unfreundlichkeit, die sie in Österreich erleben, mit dem Wiener Schmäh oder der Sprachbarriere zu erklären ist. Sondern dass Österreich einen ziemlichen Minderwertigkeitskomplex gegenüber Deutschland pflegt. Falls das in Deutschland jemand liest, möchte ich an dieser Stelle sagen: Nichts für ungut, es tut uns eh leid, wir können halt nicht anders.

Pseudo-Optimismus

So einige Aussagen darf man in Österreich nicht ganz ernst nehmen. Gerade wenn es darum geht, etwas noch zu erledigen, gibt es viele Ausdrücke, die für ungeübte Ohren zwar recht optimistisch klingen, die aber wenig Hoffnung machen sollten. Fallen diese Phrasen, kann man meistens vom Gegenteil ausgehen. Nämlich: Lassen wir's gleich, tun wir nix mehr und, tja, das wird sich nimmer ausgehen, 'tschuldigen S'! Stattdessen wird aber gesagt:

»Schau ma moi!« = Werden wir schon sehen. Wenn das die Antwort auf eine Bitte ist, wird ziemlich sicher nichts passieren.

»Jo, glei!« = Wenn Ihnen jemand sagt, dass sie*er sich gleich damit beschäftigen wird, ist auch kein Optimismus angesagt.

»Damma wos!« = Packen wir es an! Jeden Freitag zu Mittag sagt das der eine Streberkollege im Büro (der vermutlich Deutscher ist), während alle anderen den Kopf schütteln und heimgehen. Weil am Freitagnachmittag san in Österreich alle daheim.

»I sag ja nix, i man ja nur!« = Ich hoffe mal, dass niemand mitbekommen hat, was ich gerade gesagt hab, aber ich will trotzdem, dass sich alle damit auseinandersetzen, weil recht hab ich ja schon.

»Des geht sich locker aus!« = Wir schaffen das! Gilt auch für zeitliche Vereinbarungen. Diese Aussage bedeutet nicht, dass es zeitlich wirklich machbar ist, es ist aber fix nicht meine Schuld, wenn wir es nicht schaffen.

»A des passt schau!« = Es wird schon passen irgendwie, auch wenn ich eigentlich weiß, dass es vermutlich nicht passen wird, aber ich probier's, weil vielleicht passt es ja wirklich.

»Des is a gmahde Wiesn!« = Bei einer gemähten Wiese spricht man von einer leicht zu bewältigenden Sache, die sich am Ende oft doch durchwachsener erweist als gedacht.

»Eh nett!« = Für dein anspruchsloses Dasein wird es schon okay sein. Ich behalte meine ehrliche Meinung lieber für mich.

»Jetzt dann nachher, gleich amal.« = Zeitangabe, wann man sich darum kümmern wird. Soll den Eindruck erwecken, dass es bald passiert. Spoiler: nie.

»Ruafn ma uns daun zaum!« = Bedeutet, dass man sich anrufen wird. Spoiler: Das wird niemals passieren. Weder jetzt noch dann gleich amal noch irgendwann.

Pseudo-Pessimismus

Die Österreicher*innen tun also meistens so, als würden sie alles schaffen, und dann ist es eben doch nicht so. Neben den Optimist*innen gibt es aber noch eine zweite Gruppe: die Pessimist*innen. Gerade in Wien sind sie oft vertreten und gehen bei jeder Anfrage mal davon aus, dass es eh nicht machbar ist. Dahinter steckt eine Lebensphilosophie. Nämlich dass man ja gerne würde, wenn man nur könnte, wenn es möglich wäre und man überhaupt selbst für Aufgaben zuständig wäre. Aber dem ist halt leider einfach nicht so. Man bedauert. Ähnlich wie im Kapitel zuvor sagt man dann oft etwas, das sich dann doch als etwas ganz anderes herausstellt.

»Na, des geht net!« = Gute Antwort auf nervige Kund*innenanfragen, da sich die Argumentation dagegen als schwierig herausstellt: Doch! Nein! Doch! Nein! Okay, danke.

»Des wird sowieso nix!« = Das kann nichts werden; gilt auch als grundsätzliches Mindset zu jeglichen Veränderungen im Leben und auf der Welt. Neuer Job? Das wird sowieso nix, brauche ich gar nicht erst zu suchen beginnen.

»Sowas machen wir net« = Ähnlich wie die erste Phrase bietet sich diese Aussage als Totschlagargument an. Ist

Ersterem auch vorzuziehen, denn wenige Kund*innen werden Ihnen entgegentreten und »DOCH« schreien.

»Fix net!« = Sagt jemand in Deutschland, dass etwas ganz sicher nicht funktionieren wird, ist es meistens auch so. Soweit man es halt sagen kann, zu 99 Prozent eben. In Österreich hingegen würde ich von einer Fifty-fifty-Chance ausgehen, dass es am Ende dann eben doch geht.

»Na geh!« = Passende Antwort, wenn jemand irgendetwas von Ihnen will. Übersetzt etwa: »Bitte nicht!« Vorsicht: Verwendet man auch, wenn man jemandem eine Geschichte nicht glaubt.

»Das ist für den Hugo!« = Sagt man, wenn etwas umsonst ist. Oder eben für den Hugo.

»Damit können Sie sich abbrausen gehen!« = Das kommt überhaupt nicht infrage!

»Des hat no nie klappt!« = Funktioniert auch, wenn es noch nie jemand probiert hat.

Eine österreichische Spezialität sind übrigens jene Menschen, die beide Einstellungen in sich vereinen. Wie so vieles anderes im Land auch, bedienen sie sich einer einzigartigen Widersprüchlichkeit. Auch ich gehöre zu dieser Sorte Mensch. Ich erkläre mir selbst und anderen regelmäßig, dass das, was wir machen, schon so passen wird, sich ausgehen wird oder ich mich bald darum kümmere, obwohl ich weiß, dass es nie so kommen wird. Ich bin dann auch ehrlich überrascht, wenn es nicht funktioniert. Wenn hingegen jemand etwas von mir will, gehe ich grundsätzlich davon aus, dass das nicht möglich ist oder ich eben nicht zuständig bin – auch wenn ich es dann am Ende doch meistens mache. Jo eh, so ist es halt.

Quasi verliebt, verlobt, verheiratet

Maria und ich wollten unbedingt einen Freund. Es war nicht mal so, dass alle anderen rund um uns ständig Freund*innen oder Sex gehabt hätten. Die wenigsten. Aber was wir in Filmen und Serien sahen, gab es am Land in Oberösterreich alles nicht. Keinen Pub, wo sich alle trafen, keinen Strand, wo wir zum Kiffen abhängen konnten. Keine legendären Hauspartys oder Ausflüge in die Stadt. Ja nicht mal eine wirkliche Stadt gab es. Es war nicht FOMO, die *Fear of missing out,* die uns quälte. Wir hatten keine Angst, etwas zu verpassen, sondern erst gar nichts zu erleben. Wir waren davon überzeugt, die besten Jahre unseres Lebens mit Langeweile (und ohne Pool) zu vergeuden.

Als Maria der ältere Bruder einer Freundin eine Nachricht auf Szene1 schrieb, klopfte mein Herz fast ebenso laut und schnell wie ihres. Daniel war fast ein Jahr älter und arbeitete schon. Die Jahre davor war er im Gymnasium zwei Klassen über uns gewesen. Er hatte auch schon eine Freundin gehabt mit großen Brüsten, das wussten wir. Er spielte Fußball, sah ganz gut aus, hatte Charme, keine Angst vor Mädchen und ein Auto. In der Retrospektive würde ich sagen, dass die letzten zwei Dinge ausschlaggebend waren. Die beiden verabredeten sich fürs Kino.

Dafür, dass sie überhaupt keine Ahnung von Dates hatte,

war Marias erstes Date gleich mal ziemlich erfolgreich. Aus Kino wurde essen gehen, wieder Kino, Filmabend, Fußballspiel, shoppen, Wellness. So gut wie jeden Abend holte er sie ab oder hing bei ihr ab. Schnell waren sie offiziell ein Paar. Sie hatte sich verliebt, und zwar ausgerechnet in einen Fußballspieler. Er trug gemusterte Seidenschals und verkaufte Versicherungen. Sie fand das nicht unbedingt cool, aber Meinungen konnten sich schließlich ändern. Was wisse sie schon von der Liebe, sagte sie. Sein Auto war tiefergelegt, hatte nur zwei Türen und fast keinen Platz im Kofferraum. Denn dort lagen die neu verbauten Bassboxen. Daniel fuhr immer zu schnell, glaubte, extrem gut fahren zu können, und hörte so laut Gigi D'Agostino, dass das Handschuhfach vibrierte.

Nach dem Sommer war er nun jeden Abend bei ihr und schien zu keinem Zeitpunkt an der Beziehung zu zweifeln. Er genoss in ihrer Familie wenig Beliebtheit – vor allem zu Beginn. Während sie sich in ihrem Zimmer abends den hundertsten Film reinzogen, saß ihr Vater am Küchentisch und schimpfte darüber, dass ER schon wieder da sei. Und dass SIE doch was tun sollte. Doch NIEMAND konnte was tun. Maria war halt verliebt.

An Daniel schien das abzuprallen. Auch wenn die Missgunst schwer zu ignorieren war, wollte er trotzdem ständig bei ihr sein. Ihre Eltern stellten Regeln auf. Ihnen war wichtig, dass sie auch ein Leben ohne ihn führte und etwas mit Freund*innen unternahm. Einen Tag der Woche durften sie sich nicht sehen und am Wochenende durfte er nur eine Nacht bei ihr schlafen. Sie protestierte und schrie ihre Eltern an, dass sie Diktator*innen seien. Eine Sauerei! In ihren Kalender schrieb sie an den Tagen ohne ihn dann aber: »FREI!«

Daniel war am liebsten zu Hause vor dem Fernseher und ging gern teuer essen, obwohl er ständig pleite war. Er hing selten mit Freund*innen ab. Nur zum Fußball ging er mehrmals die Woche und jedes Wochenende hatte er ein Spiel. Er schrieb ihr Briefe und Gedichte, überraschte sie mit Blumen, Schokolade und Gutscheinen und schenkte ihr all seine Aufmerksamkeit. Sein ganzes Leben drehte sich um sie. Wenn sie nach der Matura in drei Jahren nach Wien gehen würde, würde er mitgehen, sagte er. Er schenkte ihr einen Ring mit zwei lilafarbenen Steinen, der auf ihren Ringfinger passte. Nein, so ein Ring sei es noch nicht, meinte er und grinste.

Je öfter ihr jemand erklärte, dass sie zu jung sei, um eine derart ernste Beziehung zu führen, desto mehr wollte sie es. Silvester verbrachten sie in einem Luxus-Wellnesshotel in Salzburg. Ich sehe das Foto noch vor mir: Sie trug ein weißschwarz gemustertes Leopardenkleid und eine Fake-Louis-Vuitton-Tasche. Nach sechs Gängen mit sechs Weinen standen sie an einem mit Schnee bedeckten See und schauten sich das Feuerwerk an – neben den anderen Gästen, die in etwa so alt wie ihre Eltern waren. Im Sommer fuhren sie in ein abgeschiedenes Appartement in Kroatien, wo sie selbst eine Woche kochten. Auf den Fotos grinst sie verliebt in die Kamera, während er ihren Nacken küsst. Sie trägt eine silberne Kette um den Hals mit seinem Namen und er ein Ed-Hardy-Shirt.

Da Daniel so überzeugt von der Beziehung war, schloss sie sich dem an. Sie war wie besessen davon, die wahre Liebe gefunden zu haben. Was für ein Glück. Einfach so mit 15 Jahren. Auf ICQ schrieb sie mir Zeilen voller Pathos: »Ich hätte niemals gedacht, dass der Richtige schon so bald kommen würde. Er ist, glaube ich, wirklich meine zweite Hälfte, nach der andere ihr ganzes Leben suchen. Das ist es, was mir Angst macht. Kann es wirklich so einfach sein?«

Da sie verliebt und in einer festen Beziehung war, war Sex der nächste logische Schritt. Fertig reflektiert. Zuerst bedeutete das, dass sie zu einer Gynäkologin musste. Vor dem ersten Sex sollte man zur Ärztin, das wurde uns schon in der Schule eingetrichtert. Dort saß sie also, beantwortete Fragen zu Krankheiten in der Familie. Übergewicht. Akne. Als sie aus der Praxis ging, hielt sie ein Rezept für die Minipille in der Hand und wusste genauso wenig über Sex wie zuvor. Mit der Pille stand automatisch der Zeitpunkt für den ersten Sex fest. Egal, mit wem sie sprach: Ging es um Sex, drehte sich alles immer nur um die Gefahr, schwanger zu werden. Nur nicht schwanger werden. Dieses Credo immer wieder. NUR NICHT SCHWANGER WERDEN!

Sie beschlossen, dass sie am Wochenende in einem Monat miteinander schlafen würden. Schließlich war das erste Mal Sex etwas Besonderes und nichts, was sie montagmorgens noch schnell vor der Schule machen wollten. Sie hatte bald Geburtstag und würde 16 werden. Für sie reichte das aus, um die Frage zu beantworten, ob sie bereit dafür war.

Als der besagte Freitag gekommen war, konnte sie vor Nervosität kaum noch atmen. Daniel kochte für sie. Fischstäbchen und Gemüse. Sie erzählte mir von den Erbsen auf dem Teller. Und von den Rosenblättern auf dem Bett. Danach hatten sie Sex, weil es eben so abgemacht war. Sie erzählte, dass es wehtat und dass da kein Blut war, was mich überraschte. In ihr Tagebuch schrieb sie am Tag danach, dass es besonders und romantisch war. Dinner, Kerzen, Rosen! Wie könnte das nicht perfekt sein?

Neben den Fischstäbchen und Erbsen erinnere ich mich aber noch an den Gedanken, der sie quälte: Jetzt, wo sie den ersten Schritt getan hatten, würden sie es öfter tun und das stimmte sie nicht froh.

×

Über Politik sprach sie mit Daniel nie. Und auch sonst spielte das in unserem Leben keine Rolle. Sie war damit beschäftigt, herauszufinden, ob sie Sex mochte, dabei nicht schwanger zu werden und gegen ihre Eltern zu rebellieren, die ihr andauernd erklärten, dass sie ihr Leben nicht an einen Mann binden dürfe und sich überlegen sollte, was sie nach der Schule machen wolle. Wir hatten keine Ahnung.

Als die ersten in unserer Klasse 16 Jahre alt wurden, sprachen in der Schule plötzlich alle über Politik, denn bei der Wahlreform 2007 war das Wahlalter auf 16 Jahre gesenkt worden. Österreich war damit das erste EU-Land. Mein 16. Geburtstag fiel genau auf den Wahltag. Meine Familie rief auf der Gemeinde an und fragte nach, ob ich wählen dürfe. Durfte ich. Ich war wahnsinnig aufgeregt und plante eine Party am Samstag, und am Sonntag würde ich zum ersten Mal in meinem Leben selbst wählen. *Super sweet 16*.

Junge Menschen in der Politik als Wähler*innen mitbestimmen zu lassen, war ein großer Schritt für Österreich. Man erhoffte sich, dass sich so mehr Menschen für Politik interessieren würden und die Wahlbeteiligung auf Dauer steigen würde. Kritiker*innen meinten damals, dass junge Menschen in dem Alter noch nicht reif genug wären, um eine Wahlentscheidung zu treffen. Ein Fach wie Politische Bildung hatten wir nicht, und gewählt haben bei uns die meisten das, was ihre Eltern wählten. Das war auch bei mir nicht anders.

Wir waren politische Diskussionen von zu Hause gewohnt. Sie drehten sich um Bildungsfragen, um Umwelt- und Lokalpolitik. Die Erwachsenen diskutierten dann unter sich. In unserem Umfeld wählten einige Grün und manche waren Schwarze, also ÖVP-Wähler*innen. In Oberösterreich war man ein Schwarzer, weil alle immer Schwarze waren – so einfach war das. Darum war auch der Bürgermeister seit jeher ein Schwarzer. Sozialdemokrat*innen kannte ich sowieso keine. Wir hatten nur so eine Ahnung, dass die Leute in Wien Rot wählten. Darum betonte man bei uns und auch sonst überall am Land: »Die Weaner san aundas.« (Also: Die Wiener sind anders.)

Ab und zu bekamen wir Skandale, angebliche Ausrutscher und »Jugendsünden« (wie zufällige Hitlergrüße) durch Schlagzeilen in der Zeitung mit, wenn Eltern darüber sprachen. Manchmal sahen wir die Nachrichten. Ab und zu regte sich jemand über die Trotteln in der FPÖ auf. Als sich Maria und ich auf ein Schulprojekt vorbereiteten und Werbesprüche der Parteien sammelten, notierten wir nur die der ÖVP, SPÖ und der Grünen. Die FPÖ war halt da, das wussten wir, aber wir ignorierten sie. Mit unserer Welt als fast 16-Jährige hatte sie nichts zu tun. Wir wurden sozialisiert mit einer linken, wenn auch bürgerlichen Selbstverständlichkeit, dass man eben nicht FPÖ wählte. Denn das Klima, die Natur und Menschen sind wichtig, wie könnte einem das egal sein? Für uns war das keine politische Einstellung, sondern Normalität.

Marias Denken über Politik wurde an einem einzigen Abend bei Daniel zu Hause am Esstisch komplett erschüttert.

Daniels Vater war Polizist und begleitete Geflüchtete bei der Abschiebung in Flugzeugen zurück in ihre Herkunftsländer. Oft kam es in den Fliegern zu Gewalt, weil sich die Menschen wehrten, und Daniel erzählte Maria davon. An diesem Abend drehten sich die Gespräche um Heinz-Christian Strache, den damaligen Obmann (also Parteivorsitzenden) der FPÖ. Er sei der einzige Politiker in ganz Österreich, den man wählen könne, verkündete Daniels Vater. Sie traute sich während seines Monologs kein einziges Mal, den Mund aufzumachen. Ab und zu grinste er auffordernd in ihre Richtung, er schien auf ihren Protest zu warten. An diesem Abend fragte sie Daniel zum ersten Mal, was er wählen würde, schließlich durfte er nun auch zum ersten Mal seine Stimme abgeben. Er antwortete, natürlich die FPÖ.

Sie hatte über seine politische Meinung keine Sekunde nachgedacht. In ihrer frischen Liebe und in unserem Teenieleben war bisher vieles (also eigentlich alles) wichtiger gewesen als Politik. Nun war sie in einer doppelten Misslage: Einerseits konnte sie niemandem davon erzählen, weil sie sich schließlich diesen Typen ausgesucht hatte und sie sich für seine politische Einstellung schämte. Andererseits brauchte sie dringend jemanden, um darüber zu sprechen.

×

Og hasste Daniel sowieso von Anfang an. Von Sekunde eins an wusste sie, dass sich das auch nicht mehr ändern würde. Wenn sie mit ihm sprach, hob sie ihr Kinn und kniff die Augen zusammen. Selbst wenn sie über ihn sprach, tat sie das. Unternahmen wir etwas zu viert, redeten die beiden wenig miteinander. Og saß dann neben mir auf der Rückbank und schrie ihn an, dass er nicht so schnell fahren solle. Sie wolle schließlich nicht ausgerechnet mit IHM sterben. Auch er mochte sie nicht. Wenn wir sie im Mühlviertel besuchten, schliefen die beiden im Auto anstatt bei ihr im Zimmer. Weil sie eine unserer besten Freundinnen war, entschied auch Agnes sich irgendwann, seine Existenz zu tolerieren.

Wir lagen auf ihrem Bett, als Maria uns ihr Leid klagte. Bald würde die erste Wahl sein, bei der sie ihre Stimme abgeben dürfe. Und ihr Freund würde FPÖ wählen. Als sie uns fragte, ob sie eine Chance hätten, zusammenzubleiben, obwohl sie politisch so anders dachten, sagte Agnes, dass nicht sein Kreuz bei der FPÖ das Problem sei, sondern wie Maria sich in seiner Gegenwart verhalte. Und selbst während wir darüber redeten, schrieb er ihr Nachrichten. Er wollte immer wissen, wo sie war und was sie tat.

Die großen Gewinner der Wahl an meinem 16. Geburtstag waren schließlich die beiden rechten Parteien. Die FPÖ baute unter Heinz-Christian Strache mit 17,5 Prozent ihren dritten Platz aus. Das BZÖ wuchs unter Jörg Haider auf fast elf Prozent und überholte erstmals die Grünen. Rechnete man die Prozentpunkte von FPÖ und BZÖ zusammen, übertrafen sie ihr hohes Ergebnis von 1999.

Maria war verliebt in Daniel, hasste ihn nun aber auch regelmäßig. Sie hasste ihn dafür, dass er sein Kreuz bei der FPÖ machte. Sie hasste ihn dafür, dass er die Geschichten seines Vaters nicht hinterfragte. Sie hasste ihn dafür, dass er jede Diskussion gegen sie gewann. Am meisten aber hasste sie ihre eigene Naivität und dass sie all das nicht früher gemerkt hatte.

Irgendjemand hätte sie warnen müssen, sagte sie immer wieder. Was natürlich absurd war, denn je mehr sich ihre Eltern gegen die Beziehung aussprachen, desto überzeugter war sie. Als hätte er den ersten Kuss stoppen müssen, um ihr tief in die Augen zu blicken und zu flüstern: »Ach, eins noch, nur damit du's weißt, ich wähl die FPÖ.« Dieser Gedanke war natürlich Blödsinn, denn Daniel war ja stolz auf seine politische Einstellung – seinen »politischen Hausverstand«, wie er es nannte.

Maria dachte darüber nach, Schluss zu machen, tat es aber nicht. Sie mieden politische Themen, so gut es ging, stritten aber trotzdem viel. Einmal erklärte er ihr, dass sie das Potenzial ihres Körpers vergeuden würde. Würde sie nur etwas Sport machen und trainieren, könnte sie wirklich gut aussehen. Sie nahm sich damals vor, nichts Süßes mehr zu essen und auf dem Hometrainer zu radeln, um so auf unter 50 Kilogramm zu kommen. »Das Schlimmste ist, es gibt keine gleichaltrigen Vorbilder, an denen ich mich orientieren könnte. Das Vorbild bin anscheinend ich«, schrieb sie mir, während sie Songs von Interpol hörte und ihre Zweifel an der Beziehung auf die melancholische Musik schob. Am Ende meinte sie: »Daniel ist mein Leben. Ihm habe ich meine schönsten Augenblicke und Erlebnisse zu verdanken.«

Auch wenn die beiden versuchten, es nicht zu tun, sprachen sie doch immer wieder über Politik. Einmal, beim Kaffeetrinken in einem Shoppingcenter, kamen sie wieder auf das Thema FPÖ. Sie warf ihm vor, eine rassistische Partei zu wählen, was ihn zum Nazi machte. Er warf ihr vor, nicht »realistisch« zu denken. Mitten im Raucherbereich im Shoppingcenter Pluscity fuhren die beiden sich an und diskutierten über Migration und Flucht – schon seit über zehn Jahren das Lieblingsthema der FPÖ. »Sollen wir etwa alle aufnehmen?«, fragte er sie. Maria wollte Ja sagen, wusste aber, dass diese Antwort ihm in die Hände spielen würde. Dann bohrte er immer weiter: »Hast du eine Lösung?«, »Hast du eine Lösung?«, »Hast du eine Lösung?«

Ihre heftigsten Streits hatten sie aber nicht wegen tagespolitischer Themen, sondern wegen alltäglicher Dinge. Wirklich ausrasten ließ sie seine Eifersucht. Auch wenn er es nie zugab, war Daniel davon überzeugt, dass sie eine Art Besitz von ihm war. Seine Eifersucht sah Maria zu Beginn noch als einen Ausdruck von wahrer Liebe, der ihr schmeichelte. Mit der Zeit ging es ihr immer mehr auf die Nerven. Wer liebt, hat Angst um die Beziehung, sagte Daniel. Sie sah das anders.

Den Streit, der wirklich etwas veränderte, löste ein weißer Jeansrock mit Fransen aus, den wir uns beide bei New Yorker gekauft hatten. Eines Abends waren Daniel und sie allein im Haus seiner Eltern. Sie planten auszugehen. Maria war fest entschlossen, den Rock anzuziehen, und Daniel war fest davon überzeugt, dass er dabei ein Mitspracherecht hätte. Der Rock sei viel zu kurz. Ja nuttig. Sie als seine Freundin könne nun wirklich nicht so rumlaufen. Bisher hatte er Derartiges nur angedeutet und sich danach immer entschuldigt. Sie würden nicht in der Steinzeit leben, schrie Maria ihn irgendwann an. Er provozierte weiter. Sie wusste keine Antwort mehr. Sie wollte nur noch, dass diese Diskussion aufhörte. Er sagte irgendetwas zu ihr und drehte sich um, um den Raum zu verlassen. Sie griff nach einem Kristallaschenbecher und schleuderte ihn Daniel hinterher.

Trifft jemanden ein hartes Objekt mit einem Durchmesser von 15 Zentimeter und sicherlich einem Gewicht von fast einem Kilogramm mit einer hohen Geschwindigkeit am Kopf, hat er im besten Fall eine Platzwunde, vielleicht sogar eine Gehirnerschütterung, und im schlimmsten Fall ist er tot. Der Aschenbecher zerbrach an der Wand in tausend kleine Stücke. Sie verfehlte ihn. Daniel drehte sich um, starrte sie an und war endlich ruhig. Sie hätte ihren Freund in einem Streit beinahe mit einem Aschenbecher erschlagen. Noch vor Kurzem hatte sie in ihr Tagebuch geschrieben, dass sie ihre Differenzen überbrücken könnten und dass wahre Liebe doch viel stärker sei als Politik. An diesem Tag sah sie ein, dass das Blödsinn war.

Maria wollte sich in Diskussionen nicht mehr so arg hilflos fühlen. Sie wollte erklären können, warum sie gegen die FPÖ war und es scheiße fand, wenn sie jemand wählte. Sie begann, eine linke Tageszeitung zu lesen, und war fasziniert davon, wie man seine Meinung in Kommentaren untermauern konnte und wie manche Menschen die Politik und den Rechtsruck in Österreich erklären konnten. Sie markierte Stellen, Quellen und Argumente und lernte sie auswendig. Warum wir die Pflicht hatten, anderen zu helfen. Warum diese Partei in Wahrheit nichts für die Arbeiter*innen tat, von denen sie die ganze Zeit sprach. Warum wir vielleicht nicht »alle Menschen« aufnehmen können, aber eine Verpflichtung haben, Asyl zu gewähren.

Die Beziehung zu Daniel beendete sie, wo sie begonnen hatte: in der Einfahrt (ich sag ja, der wichtigste Ort am Land überhaupt). Maria war gerade aus Zagreb zurück, wo sie einen Monat Praktikum verbracht hatte. Zu Beginn hatte sie Daniel noch so vermisst, dass sie am Flughafen Rotz und Wasser heulte, nach einem Monat fehlte er ihr gar nicht mehr. Es lebte sich gut allein, das merkte sie zum ersten Mal in ihrem Leben.

In der Einfahrt vor ihrem Haus erklärte sie Daniel, was sie in den letzten Wochen eingesehen hatte: Sie würden niemals zusammenpassen, eher würden sich sich irgendwann im Streit umbringen. Maria musste es neben seinem Auto besprechen, weil sie zu große Angst hatte, ihn hereinzubitten. Vielleicht würde sie es sich sonst wieder anders überlegen und diese Beziehung würde ewig so weitergehen.

Er meinte, dass sie ihre Liebe doch nicht einfach beenden könnte. Sie erinnert sich noch genau an den Moment, neben ihr streute ihr Vater im Garten Schneckentod auf den Boden. Am Ende schrie Daniel sie nur noch an, nannte sie eine Hure, stieg in sein Auto, warf die Tür zu und fuhr davon.

Quiz

Bitte ankreuzen, was zutrifft (mehrere Antworten möglich):

1) Womit wurde der ehemalige österreichische Vizekanzler Heinz-Christian Strache bei einem Weihnachtsclubbing beworfen?
   a) Tomaten
   b) Leberkäsesemmel
   c) Red-Bull-Dose
   d) Koks

2) Welches Museum gibt es in Österreich wirklich?
   a) das Klomuseum in Gmunden
   b) das Eiermuseum in Winden am See
   c) das Wiener-Schnitzel-Museum in Wien
   d) das Arnold-Schwarzenegger-Museum in Thal bei Graz

3) Was sollte sich Österreich von Deutschland abschauen?
   a) Schnaps, der wie Zahnpasta schmeckt
   b) Bürozeiten
   c) Spätis
   d) ein Wort für »lecker«

4) Was wurde aus Hitlers Geburtshaus?
a) abgerissen
b) Gedenkstätte
c) Polizeistation
d) FPÖ-Zentrale

5) Was gilt in Österreich als vegetarisches Gericht?
a) gebackene Scholle
b) Erdäpfelsuppe mit Speckwürfeln
c) Frittatensuppe (Rind oder Huhn)
d) Fitnessteller mit Putenstreifen

6) Welche Niederlage im österreichischen Fußball hat es wirklich gegeben?
a) 0:1 gegen die Färöerinseln verloren
b) 0:9 gegen Spanien verloren
c) 1:11 gegen England verloren
d) 0:1 gegen Lettland verloren

7) Bei Sebastian Kurz' Vereidigung schlichen sich falsche Untertitel in die Übertragung des ORF ein. Mit welchen Sätzen wurden der Bundeskanzler und der Bundespräsident synchronisiert?
a) »Du kannst hier anfangen. Als Kellner.«
b) »Nein. Der schon wieder.«
c) »Danke, dass du den Schwimmunterricht erlaubst.«
d) »Hat die Mama das erlaubt?«

8) Woran erkennt man Österreicher*innen?
   a) daran, dass sie ständig sudern
   b) daran, dass sie nie sagen, was sie eigentlich denken
   c) daran, dass sie zu oft sagen, was sie denken
   d) daran, dass sie nie schuld sind

9) Die Biografie des ÖVP-Chefs (»Sebastian Kurz – die offizielle Biografie«) erinnerte so einige an Fan-Fiction. Welche Sätze sind darin zu finden?
   a) »Sonnenstrahlen bedeckten mein Gesicht, während ich hastig über das steinerne Pflaster auf dem Wiener Minoritenplatz huschte [...] Ich hatte meinen Wintermantel angezogen und fror trotzdem ein wenig.«
   b) »An einer dieser Türen lehnte ein Mann im dunkelgrauen Anzug, der nachdenklich mit seinem Zeigefinger über seine Lippe strich.«
   c) »Er war der Mann, auf den das Land gewartet hatte.«
   d) »So entpuppte sich Kurz als ein Baby, das auf der Überholspur fuhr.«

10) Welche Skandale kommen ohne den ehemaligen österreichischen Vizekanzler Heinz-Christian Strache aus?
   a) Die Ibiza-Affäre
   b) Die Spesen-Affäre
   c) Die antisemitische Buchwidmung
   d) Die Neonazi-Vergangenheit

Auflösung: 1) b / 2) a, b, d / 3) a, c, d / 4) c / 5) a, b, c, d / 6) a, b, c, d / 7) a, b, c / 8) a, b, c, d / 9) a, b, d / 10) –

Rassismus

In meiner Klasse und in der Parallelklasse im katholischen Gymnasium waren alle Kinder weiß. Auch in der öffentlichen Grundschule waren alle weiß. Bei uns im Dorf gab es eine Frau, die eine Migrationsgeschichte hatte. Sie war aus Kroatien nach Österreich geflüchtet und hatte einen Österreicher geheiratet, der sie stets herumkommandierte und anschrie.

Dass alle weiß waren, ist mir erst heute klar. Damals fiel es mir nicht auf. Es war kein Thema, da es keine nicht weiße Person gab, die es zum Thema gemacht hätte. Bei uns im Dorf lebten nur Menschen, die es sich leisten konnten, selbst ein Haus zu bauen oder zu kaufen. Die nächsten Wohnungen und Wohnblöcke waren in der Gemeinde. Dort wurde klar unterschieden zwischen den Ausländer*innen und den Dasigen. Und auch in Sachen Bildung gab es eine sauber getrennte Zweiklassengesellschaft. Die mit den guten Noten und die, die sich das Schulgeld leisten konnten, bewarben sich im Gymnasium. Die anderen gingen in die Hauptschule. Wo aus meiner Klasse automatisch auch die Bullies und wirklich schwierigen Zeitgenossen landeten und Lernen so den Kindern schwer gemacht wurde. Wer also gefördert wurde und wer nicht, entschieden meistens nicht die guten Noten, sondern das entschied vor allem, wie viel Zeit und Geld die Eltern investieren konnten. So mussten viele im Gymnasium nach der Schule zig zusätzliche Nachhilfestunden buchen, um die Schuljahre irgendwie positiv abschließen zu können. Auch ich brauchte Französischnachhilfe und viel Beistand in Mathematik von meiner Mutter.

Freund*innen erzählten mir später, wie sich das Aufwachsen am Land und im Dorf anfühlte, wenn man nicht weiß ist. Wie es war, das einzige Schwarze Kind an einer Schule zu sein. Als Einzige Kopftuch zu tragen und ständig darauf angesprochen und reduziert zu werden. Wenn Menschen ungefragt ihre Haare berührten und selbst Lehrer*innen sich rassistisch vor der Klasse äußerten und Sachen sagten wie: »Wir sind hier nicht im Dschungel.« Mindestens latenter Rassismus ist in Österreich immer und überall zu spüren. Oft wird er auch ausgesprochen und ausgelebt. Noch heute ist in zahlreichen Restaurants als Dessert ein »Mohr im Hemd« auf der Karte zu finden. Menschen sprechen selbstverständlich das N-Wort oder Z-Wort aus. »Ausländer« benutzt man bei uns genauso als Schimpfwort wie »behindert« oder »schwul«. Im Sportunterricht spielten wir »Wer hat Angst vorm schwarzen Mann?«.

Vieles davon wird auch heute noch ausgesprochen. Nur dass man heute eben noch schnell anhängt, dass man das ja eigentlich nicht mehr sagen darf, es aber längst ausgesprochen hat und beim nächsten Mal wieder sagt. Das Bewusstsein für Sprache entwickelt sich langsam. Ähnlich wie Rassismus ist auch die Homo- und Transfeindlichkeit tief in der Gesellschaft verankert. Wer darauf aufmerksam macht, bekommt ein »Das wird man wohl doch noch sagen dürfen, das haben wir immer so gesagt!« zurückgeschleudert.

Auch in Wien beherrscht Rassismus den öffentlichen Raum. Eine Freundin erzählte mir davon, wie sie im Bus mit ihrem Kind bewusst ins Deutsch wechselte, obwohl die beiden sonst immer Bosnisch miteinander sprachen. Sie fühlte die abwertenden Blicke, Gesten und das klare Zeichen: Du bist hier nicht willkommen. Oder wie ihr eine Frau erklärte, was für ein Glück es sei, dass das Kind die blonden Haare des Vaters geerbt habe und nicht etwa ihre dunkle Farbe.

Racial Profiling durch sogenannte Sicherheitsbeamt*innen ist nach wie vor ein großes Problem. Das bedeutet, dass Menschen nicht aufgrund ihres Verhaltens von der Polizei kontrolliert werden, sondern aufgrund von äußeren Merkmalen, insbesondere Hautfarbe und vermutete Religionszugehörigkeit. Durch die Black-Lives-Matter-Bewegung wurden Polizeigewalt gegen Schwarze und der behördliche Rassismus in Österreich endlich intensiv thematisiert. Ahmed F., Marcus Omofuma, Richard Ibekwe, Johnson Okpara, Cheibani Wague, Edwin Ndupu, Yankuba Ceesay, Essa Touray – sie alle starben im Kontakt mit der österreichischen Polizei und Justiz. Sie wurden zu Tode geprügelt, misshandelt, gefesselt, geknebelt, schikaniert oder sahen keinen anderen Weg mehr, als sich selbst das Leben zu nehmen. Dass Racial Profiling nicht der Vergangenheit angehört, zeigen die Aufnahmen einer Polizeikontrolle des Wiener Rappers T-Ser und seiner Freunde an einem Nachmittag in einem Wiener Park 2018. Während einer Besprechung rückte die Polizei an. Sie filmten die Kontrolle und ihr Video verbreitete sich viral.

Ganz langsam verändert sich in der Gesellschaft etwas. Bisher gab es in Oberösterreich vor allem Einwander*innen aus den Balkanländern und der Türkei. In vielen Gemeinden gab es aber lange überhaupt keine nicht weißen Menschen. Wie eben bei uns. Spätestens als ab 2015 aber viele Geflüchtete nach Österreich kamen, mussten sich selbst die konservativsten Gemeindemitglieder mit der Diversität der Gesellschaft auseinandersetzen. Und damit, dass sich eine Trennung in »wir« und »die anderen« nicht mehr ausgeht – nicht einmal in Österreich. Plötzlich lebten Menschen aus Syrien und Afghanistan im alten Wirtshaus und im leeren Hotel bei uns im Ort. Menschen taten sich zusammen, um Deutschkurse zu organisieren, Sachen aufzutreiben und Veranstaltungen zu planen. Im katholischen Gymnasium begann eine Klasse mit 30 afghanischen Jungs. Selbst der neue Pfarrer aus dem Dorf stammte aus Indien. In der Fußballmannschaft spielten Afghanen. Sie schossen Tore für ihre Kollegen, die sich beim Bier nach dem Spiel immer noch gern über »die Ausländer« ausließen. Nur »der Ihrige« war nicht so. Denn er war anders als die anderen. Schließlich gewann er ja die Spiele für sie.

Redewendungen

Schönes Hochdeutsch reden können, das macht schon Sinn. Das haben wir Kinder am Land in der Schule andauernd gehört. Denn sonst versteht euch später niemand! Sagte man uns. Ihr wollt schließlich nicht für immer die Bauern sein! Seit einigen Jahren feiert man Dialekte wieder. Es gibt Sätze, dafür möchte man die österreichische Sprache aber halt wirklich küssen. Hier meine allerliebsten Redewendungen:

»Des is g'hupft wie g'hatscht« = Bedeutet: »Es macht wirklich keinen Unterschied mehr.« Sehr ähnlich: »Eh schon alles wurscht!«

»Eh alles powidl!« = Bedeutet wortwörtlich: »Eh alles Pflaumenmus.« Es ist alles Quatsch.

»A geh!« = Nicht zu verwechseln mit dem bereits besprochenen »Na geh!«, handelt es sich hier um Begeisterung oder auch Überraschung. Es bedeutet in etwa: »Ach, hören Sie auf, das kann ich nicht glauben!« Auch anwendbar: »A geh weita!«

»Biag o!« = Heißt übersetzt: »Bieg ab!«, und bedeutet, man sollte sich dringend verziehen.

»Gschissn gschmissn« = »Blöd gelaufen!« Kommt mit einer ordentlichen Portion Schadenfreude im Gepäck. Und bedeutet wortwörtlich in etwa: blöd hingefallen.

»Etwas am letzten Abdrücker machen« = Etwas im letzten Augenblick machen.

»Do spüt d' Musi!« = Bedeutet: »Hör mir zu!« Sagt man nicht nur am Land, wo tatsächlich überall die Musi (also die Musikkapelle) spielt, sondern immer, wenn man Aufmerksamkeit will.

»Glei spüt's Granada!« = Bedeutet in etwa: »Gleich gibt es Ärger!«, oder dass etwas Konsequenzen haben wird. Rund um die Herkunft dieser Redewendung gibt es viele Irrtümer, wie etwa, dass sie etwas mit der Stadt Granada zu tun habe. Tatsächlich kommt die Redewendung von Soldaten, die Angst vor Granaten hatten.

»Hauen wir uns über die Häuser!« = »Komm, ergreifen wir die Flucht.«

»Da Schmäh rennt.« = Bedeutet wortwörtlich: »Der Witz läuft.« Man sagt es, wenn eine Konversation zum Beispiel sehr lustig ist.

»Sich auf ein Packerl zusammenhauen« = Sich verbünden oder einen Pakt schmieden.

»Da bin ich wieder einmal zum Handkuss gekommen!« = Bedeutet, dass man draufgezahlt hat, und passt gut zum österreichischen Opfergehabe.

»Sonst gibt's Zores!« = Schon als Kind lernte ich, dass wenn die Hausübung nicht gemacht ist, ich Ärger bekomme. Also »Zores«. Wichtig ist, dass man das Wort »Zores« in etwa so dynamisch wie »Zorro« ausspricht; also: »Zorrrrreß«. Das Wort kommt ursprünglich aus dem Jiddischen und bedeutet »Probleme«.

»Host mi?« = »Hast du mich verstanden?« Am besten nicken und zustimmen, denn das Gegenüber wird keinen Widerspruch dulden.

»Heast!« = Kommt von hören. Bedeutet: »Sicher nicht mit mir, Sie Wappler!«

»No na ned!« = Einer meiner absoluten Lieblingsaustriazismen. Bedeutet: »Eh klar«, aber in einer passiv-aggressiven Form. Wie: »Sie Trottel, ist ja eh klar!!«

»Höf da Gott!« (= »Gott möge dir helfen.«) / **»Z'reißn soll's di!«** (= »Zerreißen soll es dich!«) / **»Zum Woi!«** (= »Zum Wohl.«) = In Österreich gibt es viele Arten, darauf zu reagieren, wenn jemand niest. Sie alle beschreiben die österreichische Seele viel besser, als ein komplexer Satz es jemals könnte.

»Ich hau mir was in die Figur!« = Ein herrlicher Austriazismus, um zu sagen, dass man sich nun Lebensmittel oder Alkohol einverleibt.

»Vom Hudeln kommen die Kinder« = »Hudeln« bedeutet, bei einer bestimmten Arbeit zu schnell und dadurch unsorgfältig zu sein. Diese österreichische Weisheit lässt tief in die österreichische Seele blicken und erzählt viel über den Stellenwert von Kindern und von Sex in der Gesellschaft.

»A Hetz für Dasige und Zuagraste« = Bedeutet: »ein Spaß und ein Vergnügen für die von hier und die, die von woanders kommen«.

Rücktrittskultur

In Österreich ist eh alles wurscht. Okay, vielleicht nicht alles, aber doch sehr viel. Um die österreichische Wurschtigkeit ging es auf den letzten Seiten schon öfters. Besonders schön ist sie an der nicht vorhandenen Rücktrittskultur abzulesen. Konsequenzen für das eigene Handeln in der Politik und in Führungspositionen zu übernehmen, ist in der Alpenrepublik sehr viel seltener zu beobachten als anderswo. Man muss schon extreme Scheiße bauen, damit man wirklich gehen muss.

Und muss man wirklich gehen, kann man immer noch zurückkommen. Eine österreichische Spezialität sind nämlich Pseudorücktritte. Das aktuellste Beispiel dafür ist Heinz-Christian Strache. Er und sein Parteikollege leisteten sich auf Ibiza etwas, was man heute den größten Skandal der Zweiten Republik nennt. Man dachte: Das war's jetzt mit Strache. Vielleicht sogar mit der FPÖ. Schließlich muss der größte Skandal Folgen haben (→ *Yippie, Ibiza!*). Bereits 251 Tage nach seinem Rücktritt sprach Heinz-Christian Strache von seinem politischen Comeback und fantasierte von seiner Kandidatur bei der Wien-Wahl 2020. Als übrigens Jahre zuvor bekannt geworden war, dass Strache sich in seiner Jugend zu Wehrsportübungen mit dem bekannten Neonazi Gottfried Küssel getroffen hatte, musste er nicht zurücktreten. Mit Nazis Krieg zu spielen, ist in Österreich kein Hindernis, um Vizekanzler zu werden. Auch Udo Landbauer (FPÖ), Spitzenkandidat in Niederösterreich, war Mitglied in einer der Burschenschaften, bei denen man Naziliederbücher fand. Tja, blöd gelaufen, würde man meinen. Nach massiven Rücktrittsforderungen der Opposition gab er seine politischen Ämter auf und ließ seine Parteimitgliedschaft ruhen. Ein halbes Jahr später wurde er dann zum Landesparteiobmann gewählt und war wieder zurück.

Für einen ähnlichen Soft-Rücktritt entschied sich auch Peter Pilz. Der ehemalige Grünen-Politiker spaltete sich von der Partei ab und gründete seine eigene Liste. 2017 beschuldigten ihn mehrere Frauen, sie sexuell belästigt zu haben. Er nahm sein Mandat daraufhin nicht an. Wenige Monate später kehrte er als Abgeordneter einfach wieder ins Parlament zurück und blieb dort bis zur nächsten Wahl.

Warum auch gehen, wenn andere mit viel mehr Dreck am Stecken auch bleiben?, dachten sich die genannten Personen vielleicht. Andere österreichische Politiker*innen setzten in Krisen schließlich gleich auf die Strategie: Augen zu und durch. Gegen den ehemaligen FPÖ-Finanzminister Karl-Heinz Grasser gab es während seiner Zeit als Minister mehrmals massive Vorwürfe, sowohl Oppositionspolitiker*innen als auch Zeitungen forderten ihn auf, zurückzutreten. Er blieb Minister. Noch heute laufen Verfahren gegen ihn (➔ *Causa*). Auch Politiker*innen, die Geflüchtete als »Höhlenmenschen« bezeichnen oder sexuelle Belästigung mit »Pograpschen kann übrigens zur Hochzeit führen« schönreden, bleiben im Amt.

Vielleicht ist in Österreich ja eben doch wirklich alles wurscht.

Schlägern

Gscheit schlägern oder sich prügeln zählt für so einige am Land als Hobby. Neben der Arbeit und dem Kirchenbesuch ist es ein guter Ausgleich, um mal wieder richtig aus sich rauszugehen und das Testosteron schießen zu hören. Es bietet sich außerdem an, weil man es perfekt mit seinen Freunden machen kann und es den Teamspirit stärkt. Und das Wichtigste: Es lässt es sich im Gegensatz zu vielen anderen Sportarten und Hobbys wunderbar mit Alkohol verbinden. Ja der Alk macht einen noch mutiger, lässt den Schmerz erst am nächsten Tag kommen, und so mancher schwört, er mache sogar stärker.

Meistens sind es die Männer, die sich schlagen. Besonders verbreitet ist das Hobby in Regionen, wo eben sonst nix geht. Bei uns schlugen sich die Jungs gern mit Jungs aus dem nächsten Dorf oder dem anderen Fußballverein. So kam es, dass sich auch meine Freunde am Wochenende des Öfteren mit anderen die Goschn einhauten.

Besonders verhasst waren bei uns grundsätzlich alle aus der Stadt. Die hielt man für komplett deppert, unfähig und arrogant. Schließlich hatten die meistens nicht mal ein eigenes Haus oder ein Auto. Wobei der Begriff »Stadt« natürlich maßlos übertrieben war. Denn die aus der Stadt waren nicht aus der Stadt, sondern eben aus Stroheim oder

Gallneukirchen. Schon in der Schulzeit hassten wir die Leute aus der nächstgrößeren Gemeinde besonders, vermutlich, da dort, in der »Stadt«, der Schulbus losfuhr. Wir stiegen erst später zu. Sie stellten ihre Rucksäcke auf die freien Plätze und ließen uns nicht sitzen. Nahmen im Winter unsere Hauben und schossen sie durch den Bus. Wir waren für sie die primitiven Bauernschädel und Prolet*innen, die sich nur für aufgemotzte Autos und Wodkabull interessierten. Und sie waren für uns arrogante Snobs, die sich für was Besseres hielten und ständig Prosecco soffen. Doch auch wessen Ego im Schulbus nicht verletzt wurde, der*die konnte sich super ohne Grund schlagen. Zum Beispiel reichte schon ein anderer Bezirk auf dem Nummernschild für Feindseligkeiten aus. Denn die aus Dingensbruck und Dingensing konnten schließlich alle überhaupt nicht Auto fahren, vom Einparken wollen wir gar nicht reden, und feig waren sie auch noch.

Manchmal verabredete man sich auch zum Schlägern. Dafür suchte man sich einen Parkplatz aus, zum Beispiel eine betonierte Fläche, auf der sonst nach der Ernte Rüben gelagert wurden. Man fuhr in Autokolonnen hin und holte alle dazu, die Dingensbruck genauso hassten wie man selbst. Dort ging man dann aufeinander los. So lange, bis sich irgendwer ernsthaft verletzte. Dann fuhren alle wieder heim, die Person wurde vom Hausarzt genäht und beim nächsten Fortgehen rächte man sich. Meistens wurde aber wenig geplant und spontan aus dem Affekt heraus geschlägert. Irgendwer war besoffen und begann zu stänkern. Und weil jemand den Mund nicht halten konnte, mussten die Freunde zu Hilfe kommen. Da saß man gemütlich bei einem Spritzer, bis jemand zum Tisch gelaufen kam und schrie: »Kommts schnell! Da Hasi schlogt den Franz! Wir miasn erm helfn!«

Demnach war entscheidend, wer deine Freunde waren. Es war wichtig, einen Martin zu haben, der zwei Meter groß und breit wie ein Kasten war. Oder einen Thomas, dem alles egal war und der sich einfach nur schlagen wollte. Frauen schlugen sich natürlich nicht. Man schlug sich höchstens wegen ihnen oder um sie. Wobei, ich schlug mich mit 17 einmal beim Fortgehen mit einem anderen Mädchen. Sie belästigte die kleine Schwester meines Freundes. Natürlich war sie aus der Stadt. Eh klar, woher auch sonst. Auto fahren konnte sie sicher auch nicht.

Schnitzel

Zutaten für 4 Personen
0,5 kg Schweinsschnitzel / Kalbsschnitzel / Kürbis
1 Tasse Mehl
3 Eier
1 Tasse Semmelbrösel
1 Prise Salz
1 Prise Pfeffer
Olivenbratöl oder Butterschmalz
Preiselbeermarmelade

Bei mir zu Hause wird das Schnitzel aus Schweinefleisch (am besten vom Kaiserteil) gemacht. Das Wiener Schnitzel ist traditionell aber vom Kalb. Wer kein Fleisch isst, kann auch Kürbis verwenden. Klingt erst mal blöd, aber Kürbisschnitzel sind mindestens so gut, schwöre.

Wer sich für die Fleischvariante entscheidet, muss es erst einmal dünn klopfen. Den Kürbis hingegen nur in Scheiben schneiden. Dann einen Suppenteller mit Mehl, einen mit verrührtem Ei und wieder einen anderen mit Bröseln vorbereiten. Das ist die Panierstraße, durch die wir uns panieren werden. Schließlich den Schnitzelinhalt, für den Sie sich entschieden haben, salzen, in Mehl wenden, im Ei baden und danach in den Bröseln andrücken (auf beiden Seiten, eh klar). Die Schnitzel danach in Olivenbratöl oder Butterschmalz goldbraun backen. Ich serviere mein Schnitzerl mit Preiselbeermarmelade, Reis und grünem Salat. Mahlzeit!

Skifahren

In Österreich kommt es schon mal vor, dass ein Wahlduell im Fernsehen verschoben wird, weil ein Skifahrer eine Pressekonferenz ansetzt. So war es, als Marcel Hirscher, österreichischer Skisuperstar, seinen Rücktritt verkündete.

Hirscher ist nicht der Einzige, der als Austro-Skistar verehrt wird. Wie in anderen Ländern bei den Royals, will man in Österreich alles über die Skistars wissen. Wenn sie in der Öffentlichkeit auftreten, winken sie ihrem Volk zu, im Fernsehen und in Werbungen sind sie omnipräsent. Auch wenn die eigene Karriere längst vorüber ist, verschwinden sie nicht von der Bildfläche, wie der frühere österreichische Skirennläufer Armin Assinger beweist (➔ *Lagerhaus*). Er moderiert seit Jahren die *Millionenshow* – die österreichische Version von *Wer wird Millionär?*. Als Sportkommentator hat er mit Aussagen wie »Hoffentlich waren die alle beim Zahnarzt, denn die Strecke ist ein Plombenzieher« längst Kultcharakter erreicht.

Österreich liebt Skifahren, als hätte es den Sport erfunden. Dabei stimmt das nicht so ganz. Seinen Anfang nahm der Sport im 17. Jahrhundert in Norwegen, wo sich Bäuer*innen auf so etwas Ähnlichem wie Skiern bewegten. Auch die ersten Skirennen fanden in Norwegen statt. Erst in den 1890er-Jahren verbreitete sich der Sport in Europa und erste Skivereine wurden in Deutschland, Österreich und der Schweiz gegründet. Mathias Zdarsky erfand in dieser Zeit die Lilienfelder Skifahrtechnik. Erst sie machte es möglich, auf steilen Hängen und nicht nur in der Ebene zu fahren.

Wenig später wurden Berge und Schnee auf der Kinoleinwand gezeigt, wo manche Menschen zum ersten Mal Schnee in diesem Ausmaß sahen. Sie wollten auch auf die Piste. Nach den beiden Weltkriegen investierten viele Länder in den Ausbau von Skipisten und der Sport gewann an Bedeutung. Österreich wurde zu einer der beliebtesten Skiregionen Europas. Und wir können auch gut Ski fahren. Ja sogar besser als die Deutschen. Dabei frönt man dem Nationalismus und niemanden stört das. Denn wir sind nun mal die Besten, was soll man anderes sagen. Damit dem Land die Talente nicht ausgehen, war das Skifahren ab den 1920er-Jahren sogar Teil des Lehrplans in den österreichischen Schulen. Bis 1995 existierte in Österreich eine Skikurspflicht für Schüler*innen. So wurde für Nachschub gesorgt und Österreich entwickelte sich eifrig zur Skination. Wolfgang Ambros schmetterte einst: »Skifoan ist das Leiwandste, was man sich nur vorstellen kann«, noch heute die inoffizielle Nationalhymne der Alpenregion.

Lehrende klagten über den organisatorischen Aufwand und die hohen Kosten der Skikurse. Die Gesellschaft veränderte sich, längst nicht mehr alle waren narrisch nach Skifahren oder konnten sich den teuren Sport leisten. Mittlerweile waren etwa 20 Prozent der unter 19-Jährigen Migrant*innen. Für viele spielte Skifahren überhaupt keine Rolle. Während man bei vielen Kindern in Österreich das Gefühl hat, sie werden auf Skiern geboren und können bereits die schwarze Piste runterbrettern, bevor sie laufen können, kommen Kinder von Migrant*innen tendenziell viel später mit dem Sport in Kontakt.

Die Journalistin Melisa Erkurt beschreibt im *Falter,* wie es sich anfühlt, als eines der wenigen Kinder mit Migrationsgeschichte im Skikurs zu sein und nicht Ski fahren zu können. Während ihre Mitschüler*innen in den meisten Ferien und Feiertagen auf den Brettern standen, musste sie sich die rote Piste runterkämpfen. Denn ihre bosnischen Eltern konnten weder Ski fahren noch hätten sie es sich leisten können: »Skifahren symbolisierte damals für mich etwas, das nur echten Österreichern vorbehalten war.«

Nun findet sich im Regierungsprogramm von ÖVP und Grünen wieder der Plan zur Einführung von Sportwochen, wobei mindestens eine davon dem Wintersport gewidmet werden müsse. Eine Idee, wie dieses Bekenntnis zum angeblichen Nationalsport nicht Tausende von Kindern ausschließt, steht dort nicht.

Spritzerkultur

In Österreich trinkt man gerne Spritzwein. Und man sagt niemals, wirklich niemals, Weißweinschorle dazu. Mit dem Ausruf »Man bringe den Spritzwein!« wurde auch der Wiener Ex-Bürgermeister Michael Häupl berühmt. Sehr gerne zu trinken, ist in Österreich kein Knock-out-Kriterium für die Politik, sondern mitunter sogar ein großer Vorteil. Gerne zu trinken, auch mal über den Durst hinaus, gilt als menschlich. Ja sympathisch. So taten nicht wenige Straches Aussagen im Ibiza-Video als eine »b'soffene Gschicht« ab.

Das kennt man doch selbst: Besoffen labert man Blödsinn. Das meint man ja alles nicht so und am nächsten Tag tut es einem eh leid. Ein paar oder eben sehr viele Bier zu viel kennt jede*r, halb so wild. Also vorausgesetzt, es handelt sich um einen Mann. Denn Frauen sieht man auch in Österreich nicht allzu gerne wirklich besoffen. Die sind dann immer gleich labil, hysterisch sowieso und haben sich nicht im Griff. Aber ein echter Mann, der trinkt schon mal zu viel. Auch wenn er danach die Republik verhökern will.

B'soffen sein ist relativ normal. Genauso auch b'soffen Auto fahren (→ *Jörg Haider*). Schließlich muss man sich ja irgendwie fortbewegen. Im Weg stehen bei dieser ausgeklügelten Logik nur die Ordnungshüter*innen. Bei uns waren die sogenannten Planquadrate der Polizei besonders verhasst. Man schimpfte über die Scheißkiwara (also die Polizei), die es wagte, nach Zeltfesten bezirksweit auf den Straßen den Alkoholpegel der Fahrenden zu testen. Selbst auf den kleinen Verbindungsstraßen zu den Schotterstraßen standen sie dann. Wie sollte man da entkommen? Und viel wichtiger: Wie sollte man sonst heimkommen?

Ein Taxi kostet am Land sowieso immer mindestens 30 Euro. Egal, wohin man will. Meistens gibt es aber auch gar keine Taxis. Es ist jetzt nicht so, dass die Mercedes mit gelbem Schild auf dem Dach vorm Zeltfest auf einen warten würden. Außer man hat das Taxi schon am Tag zuvor vorbestellt. Und dann kommt immer auch gleich ein ganzer Taxibus – für mindestens fünf Leute. Die man zuvor alle zusammensuchen und dazu bringen muss, heimzuwollen und sich einigermaßen zusammenzureißen. Den Luxus, sich allein besoffen heimchauffieren zu lassen, gibt es nicht. Busse und andere öffentliche Verkehrsmittel fahren am Land in der Nacht sowieso nicht. Das wäre ja noch das Schönste, sie kommen ja nicht mal am Tag oft genug vorbei. Wer also seinen Eltern nicht regelmäßig in das Auto speiben (also kotzen) will, fährt selbst. Oder mit irgendjemandem. Und der Irgendjemand ist meistens besoffen. Darum ist es auch recht normal, dass dem einen oder anderen der Führerschein abgenommen wird. Und die unzähligen Verkehrsunfälle überraschen auch nicht besonders.

Meine Mutter sagte immer: »Bevor du mit einem B'soffenen heimfährst, hol ich dich.« Ein nobles Versprechen, das sie damit bezahlte, dass ich fast jedes Wochenende so gegen drei Uhr zu Hause am Festnetztelefon anrief und alle aufweckte. Sie anschließend im Pyjama in ihr Auto stieg, uns abholte und dann noch alle meine Leute bis vor ihre jeweilige Haustür brachte.

Supermarkt

Einen Supermarkt gibt es in Österreich immer und überall. Oft auch mehrere direkt nebeneinander. Das Land gilt darum in Sachen Filialdichte sogar als Spitzenreiter im EU-Vergleich (2015). Das ist auch überlebenswichtig. Am Land erfährt man dort den Klatsch und Tratsch. Der Supermarkt gilt neben der Kirche am Land als der wichtigste soziale Treffpunkt. Als Kind bekommt man dort außerdem ein »Radl Wurscht« (also eine Scheibe Wurst, die mit einem Rad heruntergeschnitten wird) auf die Hand. Den Ort nennt man niemals Supermarkt, sondern so, wie er wirklich heißt – nämlich »da Billa« oder »da Spar«. Je nachdem, zu welchem man regelmäßig geht, wird dieser als Äquivalent für alle anderen genutzt. Ich werde mein Leben lang »schnell zum Spar gehen«, einfach weil es in Dingenskirchen nur den gab. Auch wenn es in Wien dann vielleicht doch der Hofer ist.

Eine alltägliche Situation in einem Spar in Wien: Eine *Wiener Dame* wartet dort neben einem *Wiener Herrn* und einem *Studenten* aus Oberösterreich auf eine zweite Kassa im Supermarkt, also auf das *Fräulein,* das die Kassa öffnen soll.

Wiener Dame: »Hallo, Sie Trottl, Sie depperta!«

Wiener Herr: »Jetzt heast, san Sie derrisch? Wos is?«

Student *(dreht sich um und nimmt Kopfhörer runter)*: »Ja?«

Wiener Dame: »Gehen Sie endlich aus dem Weg.«

Student: »Ich stell mich ja auch an. Sie müssen warten wie alle anderen.«

Wiener Herr: »Wer glauben Sie, dass Sie sind?«

Wiener Dame: »Hallo, wann öffnet hier endlich eine zweite Kassa bittschen?«

Wiener Herr *(stöhnt, wischt sich Schweiß von der Stirn)*: »Draußen ist es viel zu heiß, hier drinnen viel zu kalt. Warum klimatisieren die denn alles? Sind die deppert oder was?«

Wiener Dame: »Ich werde hier drinnen noch draufgehen. Wie kann man so lange brauchen, um was zu retournieren?«

Wiener Herr *(ruft)*: »Heast oida, zweite Kassa bitte?«

Wiener Dame: »Na endlich. Da kommt jemand!«

Wiener Herr: »Haben Sie g'schlafen oder was?«

Das Fräulein *(rollt ihre Augen und sagt nichts)*.

Wiener Dame: »Wir erfrieren hier noch beim Warten in Ihrem Supermarkt. Wenn wir rausgehen, werden wir uns eine Lungenentzündung holen. Warum kühlen Sie denn die Temperatur so runter? Wir sind ja nicht am Nordpol!«

Wiener Herr: »Genau, heast, in Wean san ma! Früher hätte es das nicht gegeben.«

Das Fräulein: »Das entscheidet der Chef, wie kalt es ist ...«

Wiener Dame: »Fräulein, können Sie sich endlich mal beeilen. Ich hab hier nicht ewig Zeit.«

Student *(mischt sich ein)*: »Das Fräulein wollt nur Ihre Frage beantworten.«

Wiener Dame: »Ich bin ja nicht derrisch.«

Das Fräulein *(scannt die Wurst)*: »Die Käsekrainer wären im Angebot, wenn Sie zwei davon nehmen.«

Wiener Dame: »Ah ja, dann holen Sie mir noch schnell eine Packung, Fräulein, danke sehr! Dann müssen die anderen halt kurz auf mich warten, goi? Nur nicht hudeln.«

(Mamas) Topfenknödel

Zutaten für 2 Personen
4 dag Butter
25 dag Topfen (also Quark)
1 Ei
2 Esslöffel Mehl
2 Esslöffel Semmelbrösel
2 Esslöffel Dinkelgrieß
Zum Anrichten
etwas Zucker
Semmelbrösel je nach Lust und Laune

Am besten die Butter schon zuvor aus dem Kühlschrank holen, damit sie Zimmertemperatur hat. Butter und Ei schaumig rühren. Topfen dazugeben und mit den übrigen Zutaten vermischen. Teig im Kühlschrank etwa 20 Minuten rasten lassen. Anschließend in einem großen Topf Wasser aufkochen. Mit feuchten Händen die Knödel formen und ins kochende Wasser geben. Circa 15 Minuten köcheln lassen. Dann einen rausfischen und anschneiden, um zu sehen, ob er durch ist. In einer Pfanne einen Esslöffel Butter zergehen lassen und circa sechs Esslöffel Semmelbrösel und Zucker nach Geschmack unter ständigem Rühren auf niedriger Stufe anrösten, bis sie goldbraun werden. Fertige Knödel auf den Teller legen und mit Bröseln bestreuen. Dazu passt am besten ein Zwetschkenröster, Zwetschkenkompott oder Apfelmus. Mahlzeit!

Tracht

Zu meinem 18. Geburtstag zog ich meinen Bauch ein, legte Geleinlagen in meinen rot-weiß-rot karierten Push-up-BH und knöpfte mein Dirndl Haken für Haken zu. Rund um meine Taille band ich eine weiße Schürze mit einer Masche auf der rechten Seite zusammen. Ich konnte zwar nicht mehr in den Bauch atmen, mich auch nicht mehr setzen, war aber mit meiner Figur zufrieden. Meine platinblonden Haare flocht ich und befestigte sie mit einer weißen Plastikblume.

Ich lud meine Freund*innen zu mir nach Hause ein. Wir saßen in Tracht im Wohnzimmer. Wir tranken Bier und Sekt, zwischen uns grillte das Fleisch auf Platten vor sich hin. Danach fuhren wir zum Oktoberfest in den Club. Ich habe Ende September Geburtstag, da sammelten sich die Oktoberfeste an den Wochenenden. Wer in Tracht kam, musste keinen Eintritt bezahlen.

Die Tracht feiert seit einigen Jahren ein Comeback. War sie jungen Menschen lange wurscht oder galt gar als spießig, verstaubt und verpönt, ist sie nun wieder beliebt. Das Dirndl, so wie wir es heute kennen, wurde übrigens im Nationalsozialismus erschaffen. Die Innsbruckerin Gertrud Pesendorfer entwarf für Hitler einen neuen Nationallook. Sie arbeitete in der sogenannten »Mittelstelle

Deutsche Tracht«. Sie schnitt die langen Ärmel ab, kombinierte dazu eine knappe Bluse, eine enge Taille und einen einfachen Rock. Erst die Nazis sexualisierten das Kleidungsstück.

Zur Tracht gehört auch die Goldhaube. Meine glitzerte wie eine Schatzkiste. Unzählige kleine goldene Blättchen waren an ihr angesteckt, die goldenen Fäden von Hand vernäht. Bis über die Ohren reichte die Goldhaube, die rein optisch gar nichts mit einer Haube (also Mütze) gemein hatte. Sie sah eher aus wie eine komplett übertriebene Krone. Damit sie richtig am Kopf saß, war innen ein Haarreif festgemacht. Der war immer etwas zu fest und quetschte das Gehirn zusammen, aber das machte nichts, denn dafür funkelte und glitzerte es. Ich bekam meine Goldhaube als Kind als Familienerbstück. Mittlerweile gibt es sogar Seminare, in denen man in Hunderten Stunden selbst Goldhauben herstellt.

Auch in der Stadt gilt die Tracht plötzlich wieder als cool. »Nicht mal in Wien hat man mehr Ruhe vor den Lederhosen«, sagte ein Freund einmal. Dass zum Beispiel hier das Dirndl wieder so angesagt ist, wurde von Designer*innen wie Lena Hoschek angekurbelt. In ihren Kollektionen trifft das Dirndl auf das Pin-up-Girl. Damit war die hochpreisige, moderne Tracht auch in der Schickeria angekommen. Sie wird dann bei Veranstaltungen wie dem Neustifter Kirtag ausgeführt. Und für ein Wochenende wird aus der Stadt ein Dorf.

An diesem einen Wochenende schmückte der Club seinen Tempel mit der blau-weißen Bayernflagge. Typen posten in Lederhosen und oben ohne vor der Fotowand am roten Teppich, Frauen lächelten im Dirndl. Blickte man auf die Tanzfläche, war da ein Meer von karierten Hemden, dazwischen glänzten und glitzerten die Frauen. Die Clubmusik schallte aus den Boxen wie an jedem anderen Abend auch. Sie spielten ein paarmal mehr Gabalier als sonst.

Tschick

Auf manche Dinge wartet man lange. Man weiß, dass es irgendwann passieren wird, muss sich aber gedulden. Durch jeden Tag, der vergeht, wird die Vorfreude größer. Damit steigen die Erwartungen. Und auch die Illusionen werden immer detaillierter. So ist es vor dem ersten Kuss, vor dem ersten Sex und vor dem ersten Schluck Alkohol.

Ich wollte lange unbedingt rauchen. Schon als Kind hatte Rauchen eine Anziehung auf mich. Niemand rauchte in meiner Familie und mich faszinierte alles daran. Es war besonders verpönt und damit für mich besonders interessant. Nachdem ich Geduld gehabt hatte, mit Maria Hunderte Räucherstäbchen geraucht hatte und ich endlich fortgehen durfte, war der Moment gekommen.

Ich war um die 15 Jahre alt und stand mit Maria beim Eingang eines Zeltfests. Ich wusste, dass ich bald schon wieder heimmusste. Um Mitternacht würde uns meine Mutter mit dem Auto abholen. Ich hatte ein Bier in der Hand und irgendein Typ, den sie kannte, hielt uns seine Packung Zigaretten hin. »Woits ane?« Er hatte sicher keine Ahnung, welch besonderen Moment er damit schuf. Wir nickten beide und er zündete uns jeweils die erste Tschick unseres Lebens an.

Österreich ist das einzige OECD-Mitglied, in dem die Zahl der Raucher*innen steigt und nicht sinkt. In keinem anderen europäischen Land rauchen derzeit so viele Frauen wie in Österreich. Als vor über 25 Jahren die Idee mit den rauchfreien Zonen in Lokalen aufkam, wurde noch in Flugzeugen, in Schulen und in öffentlichen Gebäuden geraucht oder eben: getschickt. Die Politik entschied sich in den Jahren danach für einige recht österreichische Lösungen, die versuchten, es allen ein bisschen recht zu machen. Lokale sollten rauchfrei werden, doch in abgetrennten Räumen war es nach wie vor erlaubt. Man versuchte, die Gastronomie mit Prämien zu locken, doch auch daraus wurde nichts. Obwohl 2018 fast 900000 Menschen das »Don't smoke«-Volksbegehren unterschrieben, blieben die Regelungen zaghaft. Die FPÖ stellte sich vehement gegen das Verbot und wurde zum Retter der Tschick. Was bei ihren Wähler*innen gut ankam.

Erst nach der Veröffentlichung der Ibiza-Tapes und der Auflösung der Koalition von ÖVP und FPÖ kam die Wende. Die ÖVP stimmte nun mit anderen Parteien für das Rauchverbot. Seit dem 1. November 2019 gilt ein allgemeines Rauchverbot in der Gastronomie. In Gasthäusern, Bars, Kaffeehäusern und Clubs darf nicht mehr geraucht werden, was zu Demonstrationen führte. Die Gastronomie wehrte sich und rief ebenfalls zu Demonstrationen auf. Bei einer trat Heinz-Christian Strache als Redner auf, der selbst raucht und für die Raucher*innen des Landes kämpft, wie er sagt. Noch heute kleben an einigen Beisln Pro-Rauchen-Sticker und -Aushänge in Fenstern. Während sich der Rest des Landes daran gewöhnt hat, zum Tschicken rauszugehen. Wie eben fast überall sonst auch in Europa.

Ich hatte vom Rauchen tatsächlich überhaupt keine Ahnung. Ich zog am Zeltfest dann fest an, Rauch breitete sich in meinem Mund und meiner Kehle aus, weiter runter ging nichts. Husten musste ich natürlich trotzdem. Ich atmete den Rauch wieder aus und zog gleich noch mal an. Ich konnte es nicht glauben, dass es das war. Ich war davon überzeugt, dass ich irgendwas falsch machte. Beim Rauchen musste doch irgendetwas im Körper oder zumindest in meinem Kopf passieren. Ein kleines Feuerwerk. Ein kleiner Orgasmus. Irgendwas. Ich dachte, dass ich irgendwas fühlen würde. Ich blies den Rauch wieder aus. Als wir die Zigarette auf dem Boden ausgetreten hatten, mussten wir los. Es war Mitternacht. Am Weg zum Parkplatz fragte ich Maria, ob bei ihr etwas passiert sei. Sie verneinte und meinte nur: »Gscheit grauslich hat's gschmeckt!«

An diesem Abend war das Geheimnis gelüftet worden: Es passierte nichts. Also fast nichts. Zumindest nichts Großes. Auf jeden Fall zu wenig. Als wir ins Auto stiegen, fragte meine Mutter, was los sei, wir würden so niedergeschlagen aussehen. Alles sei eh wie immer, sagten wir und öffneten ein Fenster.

U-Bahn

»Wer die U6 überlebt, überlebt alles«, steht auf einem Bild auf Instagram geschrieben. Ganz Österreich hasst die U6. So wie eben alle die Wiener*innen hassen. Oder die Mühlviertler*innen. Und selbst die hassen wiederum alle die U6.

Was ist also los mit dieser U-Bahn? Erst mal kann man darüber streiten, ob die U6 tatsächlich eine U-Bahn-Linie ist, da sie den größten Teil oberirdisch fährt. In Wien gibt es die Linien 1 bis 4, die Nummer 5 kommt vielleicht irgendwann mal noch, und eben die Nummer 6. Sie verbindet den Norden mit dem Süden der Stadt und fährt dabei teilweise den Gürtel entlang. Da, wo es am ehesten abgeht, denn viele Abendlokale und Clubs, aber auch einige soziale Einrichtungen liegen unter den Gürtelbögen. Außerdem verbindet die U6 große Bezirke, deren Einkommensstruktur dafür sorgt, dass die Menschen öfter auf den öffentlichen Nahverkehr angewiesen sind. Da sie auch noch über den Westbahnhof fährt, ist sie immer voll, da sie meist nicht unterirdisch verkehrt, ist es im Sommer ziemlich heiß, und da am Gürtel abends die Feiernden einsteigen, speibt auch immer jemand. Und es ist ziemlich laut. Und nichts hassen die Menschen in Wien mehr als Menschen, die laut sind.

Die U6 ist also scheiße, so das allgemeine Credo. So war es nur logisch, aus der U-Bahn einen Sündenbock zu machen.

Ein Schaubeispiel, nein, eine Warnung!, wie sich Wien verändern könnte. Denn da in den einkommensschwachen Gegenden und damit in U6-Nähe viele Menschen mit Migrationsgeschichte leben, kommt es der FPÖ wie gerufen, die seit Jahren Sprüche wie »Wien darf nicht Istanbul werden!« plakatiert.

Ich mag die U6. Denn in Wahrheit ist sie das Urbanste, was Wien zu bieten hat. Ja sie ist sogar zu urban für dieses provinzielle Städtchen Wien. Sie verbindet unterschiedliche Menschen, Geschichten und viele Gerüche auf engem Raum. Eine U-Bahn muss nach Stadt riechen, sonst ist es eben keine U-Bahn, sondern ein Pemperlzug im Tiergarten. Die U6 verbindet den Ur-Wiener aus Floridsdorf mit offenem Hemd, in Badehose und mit einer Kühltasche voller Bier in der Hand mit dem Snob in Timberlands aus Währing und der Friseurin mit Kopftuch von der Ottakringer Straße. Und das ist nun mal alles Wien.

Übrigens, wer glaubt, dass man in der U6 entweder erstochen oder zumindest heroinsüchtig wird, dem empfehle ich fünf Minuten in der U7 in Berlin oder einmal umsteigen am Kottbusser Tor.

Unterwegs

Ich weiß, es ist nicht besonders chic, und ich sage es auch nicht gern, aber ich liebe Auto fahren. Also am Land und nicht in der Stadt. In der Stadt zu fahren, ist immer Horror. Alle sind komplett aggressiv. Ständig muss man schauen, blinken und die Spur wechseln. Dann einen Parkplatz suchen, von denen es immer viel zu wenige gibt. Hat man einen Parkplatz ergattert, muss man erst recht wieder Ewigkeiten laufen, und ständig plagt einen die Angst, dass irgendein Trottel einem den Seitenspiegel wegfährt oder beim Ausparken hinten anfährt.

Am Land ist das anders. Wer den Führerschein hat, kann sich bewegen. Erlebt was. Kann raus. Hat Freiheit. Okay, das ist übertrieben, aber zumindest ist das Fahren stresslos. Es gibt zum Beispiel immer genug Parkplätze. Vor allem weil man meistens eh bei jemandem in der Einfahrt parken kann. Einzig und allein Mähdrescher sind eine Herausforderung, weil sie schwer zu überholen sind. Und die Trottel, die einen in der Kurve überholen, gibt es natürlich. Aber abgesehen davon ist es wirklich sehr einfach. So einfach, dass man nicht mal Auto fahren können muss. Bei uns im Dorf gab es ein sehr altes Ehepaar, sie hatte nie fahren gelernt, er war mit dem Alter erblindet und ihr sogenanntes Mopedauto alt geworden. Doch das hielt die beiden nicht vom Fahren ab. Er steuerte die Kiste, sie sagte ihm den Weg an und beim Abbiegen wedelte sie mit einer Fahne beim Fenster raus. Mit der deutete sie entweder nach rechts oder nach oben (was links war). Alle, die ihnen auf der Straße begegneten, wussten Bescheid. Hielten brav Abstand und drängelten nicht. Die Polizei verschloss Augen und Ohren.

Und ja, weil es eben nicht viele Sachen zu tun gibt, ist Autofahren ein gutes Hobby. Hat jemand ein neues Auto, wird es allen vorgeführt. Jede*r darf mal mitfahren, aber natürlich nicht selbst fahren (Hallo!?). Man brettert mit 140 Sachen über eine Nebenstraße, um zu zeigen, was es nicht alles kann. Oder man fährt mit Freund*innen in Autokolonnen durch die Gegend. Einfach so. Weil allein fahren ja auch irgendwann fad wird.

Aber auch wer alleine fährt, fährt nie einfach nur Auto. Man lässt das Fenster lässig herunter. Der Wind weht durch die Haare. Egal, wie kalt oder warm es draußen ist. Aus den Boxen schallt Schranzmusik. Also EDM, wie sie auch in der Großraumdisco gespielt wird. Manche hören sie ernst, andere eben ironisch. Aber alle hören dieselben Songs, und zwar so laut, bis das Handschuhfach vibriert. Zwischen den Sitzen steht im Halter immer ein Red Bull oder ein Kaffeebecher. Außerdem noch das halbe Badezimmer mit Deo, Bürste, Labello und Make-up. Die Landschaft zieht an einem vorbei. Man kommt woanders hin. Sieht etwas anderes. Man ist allein und bestimmt alles selbst. Die Musik, das Tempo, ja sogar das Klima. Ganz theoretisch könnte man ja überall hinfahren. Das Land verlassen und in die Stadt. Was natürlich Blödsinn wäre, weil man sich dort ja mit Trotteln und Stress herumschlagen müsste. Aber eben ganz theoretisch. Und so wird aus Autofahren Yoga, Achtsamkeitstraining und Therapie zugleich.

Bei jeder Kreuzung und jedem Zebrastreifen starren die Leute in das Auto. Sehen und gesehen werden. Wer da wohl sitzt und ob man die kennt? Meistens kennt man sich. Man hebt kurz die Hand zum Gruß. Servas! Grias di! Wenn ich bei uns im Bezirk das Auto meiner Mutter fahre, grüßen mich die Leute freundlichst, auch wenn ich sie nicht kenne. Am nächsten Tag fragen sie die Frau Lehrerin dann beim Spar, was sie denn da und dort gemacht hätte. Ah, das war sie nicht, sondern das Fräulein Tochter. Beim nächsten Mal grüßen sie mich dann wieder und ich grüße mittlerweile einfach alle zurück.

Vaterland

Ich kannte Martin, auch wenn er anders heißt, seit ich denken kann. Seine Familie hatte früher oft auf mich aufgepasst. Als kleiner Stöpsel rannte ich in ihrem Haus herum und tat alles, was ich nicht tun durfte. Ich liebte es, die Stereoanlage im Wohnzimmer plötzlich auf Anschlag zu drehen, sodass sich alle erschreckten. Martin ging ich wie eine kleine Schwester auf die Nerven.

Inzwischen sahen wir uns nur noch ab und zu. Er war der FPÖ beigetreten, ich war nach Wien gezogen. In den Sommerferien tranken wir aber auf der Terrasse manchmal Gespritzten und sahen uns auf Geburtstagsfeiern. Wenn wir uns trafen, waren wir füreinander da: Er hielt meine Hand, wenn ich zu viel trank und einen Moralischen bekam (also mich die Melancholie wegen zu viel Alkohol überrannte), und danach manchmal auch meine Haare. Ich brachte ihn nach Hause, wenn er so viel getrunken hatte, dass er nicht mehr wusste, wo er wohnte.

Irgendwann hörte ich, dass er einer deutschnationalen Burschenschaft beigetreten war. Ich mied das Thema, denn ich wusste, dass jede politische Diskussion uns weiter auseinanderbringen würde. Ging es um Politik, wurde Martin schnell arrogant und herablassend. Er schien überzeugt und trat auf, als könnte er sich von nichts und niemandem davon abbringen lassen. Vor allem nicht von mir, einer viel jüngeren Linken.

Heute, wenn ich wohlwollend gestimmt bin und ihn in Schutz nehmen möchte, denke ich: Er suchte in seiner Jugend nach jemandem, der Potenzial in ihm sah. Die FPÖ Oberösterreich wiederum suchte nach jungen Gesichtern. Er konnte gut sprechen, andere überzeugen und hatte etwas Vertrauenswürdiges an sich. Als ein Landtagsabgeordneter die Parteijugend im Ort besuchte, lud er ihn ein in seine Burschenschaft.

Die Bude, so nennt man das Kooperationshaus einer Burschenschaft, war irgendwo am Land, umgeben von Feldern. Dort saßen junge und alte Männer und tranken Bier. Die Jungen bedienten die Alten. Brüderlichkeit, Vaterland und Ehre – darum drehten sich die Gespräche, oft in Verbindung mit der FPÖ. In der Burschenschaft schob man sich Jobs zu, gab es keine, erfand man welche. Martin wollte man dabeihaben. Man habe große Pläne für ihn – in der Burschenschaft und in der Politik. Er könne es in der FPÖ ganz nach oben schaffen, wenn er wolle, verkündete man ihm.

Seit er in der Nacht zur Wintersonnenwende mit seinen Brüdern, den Liederbüchern und einem durchgedrückten Rücken am Feuer seinen Schwur geleistet hatte, war er nun offiziell einer von ihnen. Zu den Veranstaltungen trug er eine Kappe auf dem Kopf und ein Burschenband um den Oberkörper. Zu festlichen Anlässen wurden diese Elemente noch um Hose, Stiefel und Jacke zum sogenannten »Vollwichs« ergänzt. Er lernte immer mehr wichtige Menschen aus der FPÖ kennen und engagierte sich als Jungpolitiker, organisierte Ausflüge und Unternehmungen.

Lernte fechten und bekam Geschichtsunterricht von den Alten.

Bei den Burschis steht selbstverständlich eine Mensur auf dem Programm. Dabei treten sich zwei Männer zum Fechten gegenüber, und wer am Ende die wenigsten Schnitte hat, gewinnt. Der sogenannte Schmiss (also eine Schnittverletzung aus einer Mensur) wird danach stolz getragen, auch die Narbe dient, wie alles andere, der Persönlichkeitsentwicklung.

Die österreichischen Studentenverbindungen teilen sich in ein nicht schlagendes christliches Lager und ein schlagendes deutschnationales, freiheitliches Lager. Studentenverbindungen gibt es an vielen Hochschulorten in Deutschland, Österreich, der Schweiz und in Chile, wo die Nachfahren deutscher Einwanderer*innen im 19. Jahrhundert Burschenschaften gründeten. Frauen sind in den Burschenschaften verboten, für sie gibt es sogenannte Mädelschaften. Auch wenn viele Burschenschaften nicht müde werden zu betonen, dass sie unpolitisch seien, gibt es in Österreich viele Verbindungen zwischen ihnen und der FPÖ und dem Rechtsextremismus. Die Verbindungen sind ein wichtiger Teil der FPÖ und ihre Mitglieder besetzen mittlerweile die wichtigsten Parteiposten. Heinz-Christian Strache ist Mitglied der deutschnationalen Burschenschaft Vandalia Wien (er ist mittlerweile kein Mitglied der FPÖ mehr), Norbert Hofer (aktueller Chef der FPÖ) bei der Marko-Germania, Johann Gudenus (kennen wir aus dem Ibiza-Video, auch kein Parteimitglied mehr) bei der Vandalia, Manfred Haimbuchner (oberösterreichischer Landesparteiobmann) bei der Alemannia und Anneliese Kitzmüller (war Dritte Nationalratspräsidentin für die

FPÖ) ist bei der Mädelschaft Sigrid zu Wien. Die Liste könnte man sehr lange fortsetzen.

Das Dickicht der Burschenschaften bietet natürlich einen ausgezeichneten Nährboden für Skandale wie etwa die Liederbuch-Affäre, verschiedene Holocaustleugnungen, rassistische Vorträge und Hitlergrüße. Schon in den 1990er-Jahren sah das Innenministerium in den österreichischen Burschenschaften eine »Kaderschmiede nationaler und rechtsextremer Gesinnung«.

Im Kern ihrer Ideologie sind deutschnationale Burschenschaften davon überzeugt, dass sie Teil einer »deutschen Rasse« sind und diese schützen müssen. Dazu schwört man sich die Brüderlichkeit für das Leben und die Jungen sollen von den Alten lernen. Jedem neuen Mitglied, einem sogenannten Fuchs oder Leibfuchs, wird ein Mentor zur Seite gestellt. Johann Gudenus war zum Beispiel einst der Leibfuchs von Heinz-Christian Strache.

Für Martin ging die Geschichte einigermaßen glimpflich aus: Mit 20 zog er für einen Job in eine kleine Stadt. Plötzlich hatte er viel mit unterschiedlichen Menschen zu tun. Er verstand sich besonders gut mit einem Kunden der Firma. Dieser war tatsächlich der erste Mensch mit Migrationsgeschichte, den Martin näher kennenlernte. Seine Eltern stammten aus der Türkei. Sie wurden Freunde, trafen sich auch privat. Martin erzählte von seinen Zielen in der FPÖ und von der Burschenschaft. Seinen Brüdern in der Burschenschaft erzählte er von dieser neuen Freundschaft lieber nichts.

In der Bude fühlte er sich plötzlich immer weniger wohl. Er wollte nicht mehr über die Witze lachen und begann, die Reden zu hinterfragen. Eine Weile ließ er sich Ausreden einfallen, um nicht mehr kommen zu müssen, schließlich stieg er aus – aus Partei und Burschenschaft. Lange versuchten seine Kollegen, ihn zurückzuholen. Seine Uniform warf er in den Müll, genauso wie die Briefe von der Partei, die noch Monate danach kamen. Damit war auch seine politische Karriere Geschichte.

Martins Geschichte klingt einfach, ja platt. Wie das Klischee eines Rechten: jung und von den Nazis verführt. Tatsächlich lief es in meinem Umfeld tatsächlich des Öfteren genau so ab. Für mich geht es dabei nicht darum, jemandem die Verantwortung abzusprechen. Mich interessiert vielmehr die Frage, wie es überhaupt dazu kommen konnte. Denn dass burschenschaftliche Umtriebe normalisiert werden und rechtes Gedankengut wieder überall ausgesprochen werden kann, ist ein gesamtgesellschaftliches Problem.

Wenn wir heute über diese Zeit sprechen, sagt Martin, dass ihm damals mehr Aufklärung geholfen hätte. Im Geschichtsunterricht hatte er alles Mögliche gelernt, aber was die Parolen von FPÖ oder Burschenschaftern mit »damals« zu tun hatten, hatte er sich damit nicht zusammenreimen können. Und ja, von seinen Freund*innen hätte er sich mehr Gegenwind gewünscht.

Verabschieden und Grüßen

Österreicher*innen grüßen am liebsten mit »Hallo«. Das sagt die Statistik und ist wenig überraschend. Auch »Grüß Sie!« oder »Grias Ihna!« sind beliebt, weil man ja eben nicht per Du ist. Viel interessanter ist aber, dass Grüße wie »Grüß Gott« seit einigen Jahren ein Comeback feiern. Egal, ob man nun an Gott glaubt oder nicht, der Herrgott wird wieder mitgegrüßt. Bei einer Umfrage von 2009 gaben 47 Prozent der Menschen an, den Herrgott mitzugrüßen. Nur drei Jahre später kamen fast 20 Prozentpunkte hinzu. »Grüß Gott« erlebt also seine Renaissance in Österreich. So wie eben auch die Tracht und der Dialekt.

Besonders wichtig: In Österreich wünscht sich wirklich niemand »Guten Tag!« und erst recht niemand sagt »Moin«. Wirklich niemand niemals. Da man höchstens denkt, jemand wünsche auf ziemlich unfreundliche Art »Morgen«. Und dann nicht mal einen guten. Lieber bei Bewährtem bleiben und sich so grüßen und verabschieden:

»Servus!« / »Servas!« = Bedeutet genau das Gleiche wie: »Grüß dich!«

»Habidere!« = Das kommt heraus, wenn man »Habe die Ehre« ganz schnell ausspricht. Man sagt es zur Begrüßung und am besten so schnell wie möglich.

»Baba!« / »Bussi Baba!« = »Tschüs!« Oder eben »Tschüs mit Küsschen!«

»Wiederschaun!« = Förmlicheres Verabschieden, man sieht sich wieder. Auf Wienerisch bellt man am besten »Auf WIEDAschaun!«.

»Pfiat Gott!« / »Pfiat di!« = Diese göttliche Verabschiedung kommt ursprünglich von »Behüt dich Gott«. Und wurde so schlampig ausgesprochen, dass davon nur noch sehr wenig zu hören ist.

»Kompliment!« / »Meine Verehrung!« / »Küss die Hand!« = Sind selbst für Österreich mittlerweile sehr antiquierte Grußformeln und lediglich zwei bis vier Österreicher*innen unter hundert benutzen sie. Ich plädiere für ein Comeback dieser Grußformeln, anstatt dauernd den Herrgott mitzugrüßen!

»Servus!« / »Servas!« = Kann man auch zur Verabschiedung sagen. In Wien betont man es dann auf der zweiten Silbe: »Sehrwaas!«

Verkleidung

An einem Tag im Jahr haben alle in Österreich die Berechtigung, durchzudrehen und nicht sie selbst zu sein. Zumindest am Land. Quer durch die Generationen wird zusammen gesoffen und gefeiert. Es ist ein Wunder, dass der Faschingsdienstag noch zu keinem Staatsfeiertag gemacht wurde – oder zumindest der Tag danach. Hilfreich wäre das allemal.

Schon als Kind war Fasching eines der wichtigsten Ereignisse im Jahr. Ich verkleidete mich mehrmals als Fliegenpilz und lief mit einem rot-weiß gepunkteten Hut auf dem Kopf durch den Ort. In anderen Jahren war ich eine Prinzessin, Hexe und später ein »Flittchen« mit pinker Perücke und Netzstrumpfhose.

In den meisten Dörfern gibt es einen Faschingsumzug. Dabei verkleiden sich Erwachsene, steigen auf die Wägen ihres Vereins oder ihrer Firma. Meistens zieht ein Traktor den Anhänger, auf dem sie stehen und tanzen. Sie leeren anderen Menschen Schnaps in den Mund und werfen Kindern Zuckerl zu. Dass viele Kostüme dabei natürlich gar nicht in Ordnung sind, ist klar. Dass eine Identität kein Kostüm ist, auch das wird wohl noch dauern, bis diese Info am Land angekommen ist.

An diesem Tag darf jede*r ausgehen und saufen, auch wenn es ein Wochentag und mitten am Nachmittag ist.

Nach dem Umzug gehen alle in die eine Bar, die es im Ort gibt, geben sich dort die Kante und tanzen zu den Hits aus ihrer Jugend.

Ich erinnere mich noch an einen Faschingsdienstag, an dem ich Og das Spektakel bei uns im Dorf zeigen wollte. Bei ihr zu Hause gab es zwar auch Umzüge, aber die waren vor allem für Kinder gedacht. Wir waren wohl um die 17 Jahre alt. In der Schule verkleideten sich am Faschingsdienstag alle nach einem wechselnden Thema, in diesem Jahr war es »Meereswelt«. Ich ging als Goldfisch, was sich dadurch zeigte, dass ich nur goldene Klamotten und viel Glitzer im Gesicht trug. Og fuhr nach der Schulfeier mit mir nach Hause und wir planten, bei meiner Oma im Ort zu schlafen, damit uns nachts niemand abholen musste.

Meine Oma überreichte uns den Schlüssel, nachdem wir ihr versprochen hatten, dass wir ihn auf keinen Fall verlieren würden. Ein paar Jahre zuvor hatte meine Schwester ihn mal verschlampt und musste alle wecken, was nicht nur für die Schlafenden im Haus unangenehm war. Wir schworen Achtsamkeit und trafen uns nach dem Umzug mit meinen Freund*innen in der Bar. Dort tranken wir so viel Tequila, dass ich sie irgendwann nicht mehr zählen konnte. Die Sorge, die mich den ganzen Abend verfolgte, galt aber natürlich nicht uns und unserer Gesundheit, sondern ausschließlich dem Schlüssel, den ich an meinem BH-Träger befestigt hatte. Wir tanzten, spielten Darts und Tischfußball. Irgendwann kam uns dann doch der Gedanke, dass wir am nächsten Tag in die Schule mussten, und wir torkelten nach Hause.

Vier Stunden später standen wir auf und ein Wunder war geschehen: Es ging uns gut. Keine Kopfschmerzen, keine

Übelkeit, nichts. Meine Tante, die auch im Haus wohnte, machte uns Marmeladenbrote zum Frühstück und fragte uns, ob wir wirklich in die Schule gehen wollten. Sie hatte uns am Abend zuvor in der Bar gesehen. Wir erklärten ihr, dass es uns wunderbar gehe. Euphorisch bestiegen wir den Zug. Uns gehörte die Welt. Nicht einmal Alkohol konnte uns etwas anhaben!

Gegen neun Uhr vormittags starrte ich dann sehr angestrengt auf einen Punkt auf meiner Rechnungswesenmappe. Ich konnte nirgends anders mehr hinsehen. Die Lehrerin sprach über die nächste Schularbeit und rechnete an der Tafel die Abschreibung von Computern in Unternehmen vor. Mir war plötzlich wahnsinnig schlecht. Ich versuchte, mich weiter auf den Punkt auf meiner Mappe zu konzentrieren. Blickte ich auf, drehte sich alles. Ich wollte mich auf keinen Fall vor der ganzen Klasse übergeben. Um 9:10 Uhr ergab ich mich mir selbst und hob meinen Arm. »Frau Lehrerin, mir ist so schlecht, darf ich gehen?«

Sie brachte mich ins Krankenzimmer der Schule, wo ich auf einer Pritsche lag und nun auf den weißen Plafond starrte. Neben mir stand ein Tisch mit Broschüren über Bulimie und Schwangerschaft. An diesem Tag lernte ich, dass man auch am nächsten Tag noch besoffen sein konnte und dass es besonders wehtat, wenn der Alkohol erst nach und nach und im wachen Zustand aus dem Blut schwand. Ich blieb im Krankenzimmer liegen, da ich wusste, wenn ich heimfahren würde, würden meine Eltern mir sagen: Wer saufen kann, kann auch in die Schule gehen. Und an Letzterem war ich an diesem Tag ziemlich sicher gescheitert. Es war der Aschermittwoch und damit begann die 40-tägige Fasten- oder Bußzeit bis Ostern.

Grundsätzlich geben sich der Katholizismus und der Rausch die Klinke in die Hand. Die Fastenzeit nach dem ausgiebigen Fasching ist das beste Beispiel dafür. Nicht selten sitzen die Menschen auch blunznfett (also betrunken) am Sonntag dann trotzdem in der Kirche. Einfach weil sich das schließlich so gehört. Ich tat meine Buße und litt stundenlang im Krankenzimmer.

Wandern

Am Wochenende in die Wanderschuhe schlüpfen, den Rucksack schnüren und schließlich am Gipfel das Alpenrauschen genießen. Alle, die sich das Leben der Ösis wie ein einziges Caspar-David-Friedrich-Bild vorstellen, muss ich enttäuschen.

Viele, die ich kenne, hassen wandern und auch die Berge generell. Ich selbst kann mich nicht recht entscheiden. Ich liebe es, auf dem Berg oben zu sein. Ein Gipfelfoto zu machen und ein Gipfelbier zu trinken. So richtig stolz zu sein. Aber wie man den Weg hinauf wirklich mögen kann, ist, was mir schwerfällt zu verstehen. Dennoch finde ich mich immer wieder am Berg wieder. Das liegt sicher erst mal daran, dass es in Österreich extrem viele Berge gibt. Verlässt man die Stadt, steht man quasi schon aus Versehen an einem Hang. Und dann liegt es vermutlich auch daran, dass die Menschen in meiner Familie und mein Freund es gerne machen.

Schon als Kind hab ich beim Fahrradfahren, wenn es kurz bergauf ging, das Rad zur Seite geworfen und geweint. Noch heute tendiere ich bei langen Wanderungen zu dieser Reaktion. Von unten sieht der Gipfel ja immer viel weniger weit weg aus, und selbst auf halber Höhe denke ich noch, dass eh alles easy ist. Aber dann wird recht schnell jeder

Schritt schwerer. Ich höre eine Stimme flüstern, die mich immer wieder fragt, warum ich mir das alles überhaupt antue. Gleichzeitig weiß ich, dass ich niemals umdrehen würde, weil ich viel zu stur dafür bin. So kämpfe ich stundenlang mit mir selbst, bis die Stimme irgendwann schreit. Und ich selbst manchmal auch. Ich mache weiter, bis ich mich selbst und alle, die dabei sind, komplett hasse. Ich schimpfe vor mich hin. Nie wieder. NIE WIEDER bringt mich jemand auf einen Scheißberg.

Bis ich dann ganz oben stehe und mich selbst und alle anderen liebe. War ja nun wirklich nur halb so schlimm, rede ich mir dann ein. Muss man halt durchbeißen. Nur nicht aufgeben. Thaha! Ich glaube das alles sogar selbst.

Widerstand

Österreich hat zwei Gesichter. Eines ist rechts oder schaut zumindest weg bei rechten Aussagen. Das andere zeigt Solidarität und setzt sich für einen Zusammenhalt im Land in den Alpen ein. Die zwei Gesichter verstehen überhaupt nicht, wie es das jeweils andere geben kann. Manchmal sieht man sie besonders gut aufeinandertreffen. Zum Beispiel, als das Wiener Neujahrsbaby 2018 verlautbart wurde. Baby Asel brachte mit dem neuen Jahr auch gleich einen Shitstorm im Netz mit sich. Viele kamen nicht damit klar, dass Asels Mutter ein Kopftuch trägt und Wiens erstes Baby im neuen Jahr nicht Eva, Anna oder Maria heißt. Viele Menschen setzten sich dem entgegen und erschufen einen parallelen Solidaritystorm.

Österreich wird nachgesagt, ein demonstrationsfaules Land zu sein. Es müsse viel zu viel passieren, damit die Menschen mal auf die Straße gehen. Das stimmt auch. Aber nur teilweise. Die größte Demonstration der Zweiten Republik fand am 23. Jänner 1993 auf dem Wiener Heldenplatz statt. 250000 bis 300000 Menschen demonstrierten damals mit dem sogenannten Lichtermeer gegen Hetze und Rassismus sowie gegen Haiders Volksbegehren. Auch nach der Nationalratswahl 1999, als die FPÖ in einer Koalition mit der ÖVP an die Regierung gelangte, gingen die Menschen zu

Tausenden auf die Straße. Anfangs wurde täglich demonstriert, später dann immer donnerstags. Ganz Europa zeigte sich vom Rechtsruck in Österreich schockiert, blickte besorgt auf das kleine Land in den Alpen und drohte mit Sanktionen.

Als die ÖVP unter Sebastian Kurz 2017 wieder eine Regierung mit der FPÖ einging, schien zuerst eine Schockstarre in der Linken zu herrschen. Später erwachten die sogenannten Donnerstagsdemos erneut zum Leben. Unter ihnen auch die mittlerweile berühmten Omas gegen rechts, ein Zusammenschluss von älteren Frauen, die jede Woche gegen die rechtskonservative Regierung auf die Straße gingen. Die klarmachten, dass sie nichts zu verlieren hätten und sich für die Generation ihrer Enkel*innen einsetzen würden. Der Schock in Österreich und Europa über Rechte in der Regierung hielt sich dieses Mal aber in Grenzen. Viele Länder kämpften mittlerweile selbst mit einem Rechtsruck. Rechtspopulismus war in ganz Europa wieder normal geworden.

So kämpfen die beiden Gesichter Österreichs weiter um ihre Macht. Wie einst Voldemort auf Professor Quirrells Hinterkopf in *Harry Potter*. Und wir wissen, wie das ausging.

Wiederbetätigung

Ich wusste, es würde nicht einfach werden. Ich saß im Auto und sagte es mir selbst vor: Reg dich einfach nicht auf. An diesem Abend feierte ein Freund, mit dem ich schon im Sandkasten gespielt hatte, eine Party. Er weihte sein selbst gebautes Haus ein. Eigentlich feiert man eine »Gleichenfeier« schon, wenn der Dachstuhl steht. Wir feierten das etwas verspätet. Alles am Haus war fertig – bis auf die Einfahrt. Wie wir wissen, ist die neben dem Keller aber auch einer der wichtigsten Orte. Neben Kindern und Hochzeit ist ein Haus das Größte, das man im Leben erreichen kann.

An diesem Abend hatte er nicht nur die Freund*innen eingeladen, die ich schon lange kannte und mochte. Da waren auch die Nachbar*innen und Freunde, die er sonst von mir fernhielt, weil er wusste, dass es Streit geben würde, wenn wir aufeinandertrafen. Ich bezeichnete sie als den rechten Rand des Freundeskreises, wenn sie tranken, konnte alles passieren. Er bezeichnete sie als die, mit denen man halt nicht über Politik sprechen dürfe. An diesem Abend ging es um meinen Freund und nicht um diese rechten Idioten, sagte ich mir vor. Ich würde einfach um jedes annähernd politische Thema (und das sind die meisten) einen weiten Bogen machen und mich auf unsere gemeinsamen schönen

Erinnerungen konzentrieren. Und auf Alkohol. Ich atmete noch einmal tief ein und öffnete die Autotür.

In der Garage waren Bierbänke aufgestellt, davor war der Grill angeworfen. Würstel brutzelten und das Bierfass war bereits angezapft. Einige blickten mich an, als würden sie zum ersten Mal einen Menschen sehen. Wir hatten uns Jahre nicht gesehen und sie rechneten wohl nicht mit mir. Ich war die, die nach Wien gegangen war und als Einzige studiert hatte. Die ständig irgendwelche linken Sachen machte, dort komische Freund*innen hatte und irgendwas von Feminismus redete. Die zwar fesch anzusehen, dafür aber viel zu anstrengend war.

Spätestens als ich mit dem Studium fertig war, verstand niemand, warum ich nicht nach Oberösterreich zurückkam. Schließlich lebt es sich am Land doch viel besser. Hier könnte ich ein Haus bauen oder zumindest wieder bei meinen Eltern einziehen. Oder mir endlich ein eigenes Auto kaufen.

Wir unterschieden uns also. Und ich versuchte das, so gut es ging, auszublenden, wenn wir uns sahen. Ich aß Würstel, trank viel Bier und versuchte, von meinem Leben und meinem Job zu erzählen, ohne ein politisches, gesellschaftliches oder auch nur ansatzweise feministisches Thema auf den Tisch zu bringen. Je später es wurde, desto lustiger wurde es. Mit der Zeit war die gesamte Garage besoffen, die Bierbänke wackelten und Bier und Schnaps flossen. Und irgendwann lachte ich über mich selbst, weil ich Panik vor dem Abend gehabt hatte. Wenige Minuten später ersetzte jemand einen David-Guetta-Song durch ein YouTube-Video, das erst mal laden musste. Dann ertönten Männerstimmen: »Verstaubt sind unsere Gesichter, doch froh ist unser Sinn, es braust unser Panzer im Sturmwind dahin.« Einem circa 40-jährigen Typen mit Bierbauch und Glatze hatten wir den Nazisong zu verdanken. Er sang voller Inbrunst mit, mit seiner Hand auf dem Herzen. Bis sie nach oben in die Luft wanderte und er sie ausstreckte. Es war kurz nach Mitternacht und wir hatten den Salat: die erste Wiederbetätigung.

Irgendjemand zog schließlich den Stecker der Anlage. Mehrere Personen starrten mich an, als wäre ich die Person gewesen, die sich gerade strafbar gemacht hatte. Ich begann mich aufzuregen, dass doch jemand was tun müsse und dass das eben Wiederbetätigung gewesen sei. Er sei halt besoffen, sagten die einen, er mache das doch sonst nicht, die anderen. Der Gastgeber verfrachtete seinen Nachbarn nach Hause ins Bett.

Tief durchatmen, dachte ich wieder. Ich trank den Schnaps vor mir aus und beruhigte mich. Dann setzte sich ein Freund des Gastgebers neben mich, von dem ich nur wusste, dass er im Ort FPÖ-Kugelschreiber verteilte. Er hatte ein Basecap auf dem Kopf und einen glänzenden Stecker im Ohr. Was ich denn hätte, ich solle mich nicht so aufregen. Es sei doch nur ein Song, meinte er. »Ich bin auch National-Sozialist«, und betonte dabei die beiden Wörter, als würde man sie getrennt schreiben. »Ich bin für die Nation und für den absoluten Sozialismus.« Der ganze Tisch hatte es gehört und war verstummt. Der Gastgeber ging auf mich zu und legte seine Hand auf meine Schulter, als würde er mich davon abhalten wollen, ihn zu schlagen.

Ich wusste, dass mich der Typ provozieren wollte. Doch in diesem Moment musste ich einfach lachen, weil es so absurd war. Ich atmete wieder tief durch und beschloss, all meine Vorhaben für den Abend über Bord zu werfen. Wenn die rechten Idioten auf der Party den Hitlergruß machen und den größten Bullshit verbreiten konnten, würde auch ich über Politik sprechen und mich damit nicht zurückhalten. Ich trank noch einen Schnaps, machte *Bella Ciao* an und ging tanzen.

Später an dem Abend schlug der Gastgeber übrigens genau jenem Typen noch ein blaues Auge, weil er eine Freundin von ihm belästigt hatte. Ich fand das eine faire Lösung.

Wien

Zum Studieren gingen meine Geschwister nach Wien. Wie eben alle. Für mich klang Wien nach Berlin, London, New York! Nachdem sie im Studierendenheim ausgezogen waren, teilten sie sich eine Wohnung. Meine Schwester hatte ein eigenes kleines Zimmer mit Stuck an der Decke und einem riesigen blauen Polster am Bett, wo ich mich anlehnte, wenn ich bei ihr schlief. Sie saß immer an ihrem Schreibtisch und las. Stundenlang. Das Buch auf einer hölzernen Ablage und den Kopf auf den Händen abgestützt. Mein Bruder wohnte im Wohnzimmer. Sein Bereich war mit einem Vorhang auf einer Stange abgetrennt. Er saß ständig am Computer und machte stundenlang irgendetwas, das ich nicht verstand. Ich durfte auf seinem Handy Snake spielen und manchmal am Computer ins Internet gehen. Die Küche war gleichzeitig der Eingangsbereich. Daneben ein klitzekleines Bad mit einer dunkelgelben Sitzbadewanne. Einmal füllte mein Bruder sie mit Shampoo an, bis der Schaum nur so überquoll. Ich saß darin und freute mich, denn sogar Baden fühlte sich besser an als jemals zuvor, einfach weil es in Wien war.

Jedes Mal, wenn ich meine Geschwister besuchte, fühlte ich mich wahnsinnig cool. Als ich um die 14 Jahre alt war, saßen wir zusammen vor einem Club am Wiener

Gürtel und tranken Cocktails. Natürlich ohne Alkohol, aber ich erzählte danach trotzdem allen davon. Ein Jahr später nahm mich mein Bruder mit zu einem Konzert im Flex, einem Club am Donaukanal. Ich durfte offiziell nicht rein, doch es klappte. Im Club hoffte ich die ganze Zeit, dass ihn nun alle für meinen Freund und nicht meinen großen Bruder hielten. Ich 15, er 28, das fand ich nicht creepy, sondern natürlich wahnsinnig cool. Am Montag darauf erzählte ich allen in der Klasse davon. Als wäre ich weit weg im Ausland gewesen. Beschrieb den Club und alles, was ich gesehen hatte, bis ins Detail. Dass ich Frauen auf der Toilette über Drogen sprechen hörte, war für mich wie Ostern und Weihnachten zusammen. Ich schmückte es noch ordentlich aus. Als wär ich dabei gewesen. So aufregend. Omg. Und dann erst dieser Club. So abgefackt. Saugeil!

Für mich war also klar, dass ich nach der Schule nach Wien wollte. Weil ich immer mehr las und gerne schrieb, bewarb ich mich für das Journalismus-Studium und bekam einen Platz. Meine Familie wollte, dass ich Lehrerin werde. So wie es alle anderen auch waren. Deutschlehrerin wäre doch ein toller Job für mich. Ich sagte darauf jedes Mal, dass ich sowohl Kinder als auch die Schule hasste. Irgendwann gaben sie auf.

Mit 19 ging mein Traum in Erfüllung. Ich mietete ein WG-Zimmer, das eigentlich die Abstellkammer in einer dunklen Wohnung im vierten Wiener Gemeindebezirk war. Es schimmelte unter den Dielen, mein Mitbewohner kiffte den ganzen Tag und ich hörte jedes Geräusch aus der Küche, als würde es in meinem Zimmer passieren. Meine Mitbewohner*innen spielten zusammen in einer Band, die jeden Abend probte. Die Waschmaschine überflutete regelmäßig die gesamte Wohnung. Aber was soll's, für mich waren es zehn Quadratmeter Freiheit.

Obwohl ich immer wegwollte, plagte mich in Wien dann das Heimweh. Ich hätte das damals nie zugegeben, aber so war es. Am Land in Oberösterreich fühlte ich mich aber auch nicht mehr zu Hause. Die Selbstverständlichkeit, mit der ich zuvor am Land gelebt hatte, war wie weggeblasen. Ich wollte in keinen Garagen und Kellern mehr sitzen. Nicht mehr im Club arbeiten, keine Wodkaboote mehr machen. Nicht mehr auf dem Fußballplatz abhängen und kein Dirndl mehr tragen. Doch auch das Leben in Wien, in der Stadt, fühlte sich nicht selbstverständlich an. Sondern neu und anstrengend.

Mir in Wien ein Leben aufzubauen, fiel mir schwer. Fast alle meine Freund*innen waren ebenfalls aus Oberösterreich und fuhren ständig nach Hause. Sie studierten von Montag bis Donnerstag in der Stadt, stiegen dann für zwei Stunden in den Zug und lebten am Wochenende ihr Leben, als hätte sich nichts verändert. Manche wuschen nicht mal selbst ihre Wäsche, sondern packten sie in Koffer und brachten die Schmutzwäsche mit nach Hause. Ich hatte eine Waschmaschine und benutzte sie auch, hatte aber nicht allzu viel Wäsche, weil ich auch dauernd in Oberösterreich war.

Irgendwann wurde mir klar, dass Wien sicher nicht wie Berlin ist. Und New York und London erst recht nicht. Dass hier eigentlich alles schön, aber doch sehr klein ist. Dass wenig passiert, immer alles gleich bleibt und genau darum so gemütlich ist. Am Land sagt man gern: »Wien ist anders.« Das beschreibt die Beziehung zueinander auch perfekt.

Denn Wien ist keine klassische Großstadt. Wien ist aber auch nicht Land. Wien ist ein seltsamer Hybrid aus allem und trotzdem die einzig ernst zu nehmende Stadt in ganz Österreich. Ja, Wien ist einfach anders.

X-mal

Die FPÖ benutzt des Öfteren Bilder, Zeichen, Wörter oder Ideologien aus der Nazizeit. Sie selbst nennt das dann Einzelfälle, die Medien sprechen von »braunen Rülpsern«. Nach der sogenannten Liederbuch-Affäre konnte selbst die FPÖ die Vorfälle nicht mehr als Einzelfälle verkaufen und versprach, ihre Verflechtungen mit dem historischen Rechtsextremismus endlich aufzuarbeiten. Die Partei kündigte einen »unabhängigen Historikerbericht« an und gründete eine sogenannte Historikerkommission. Viele, die Teil davon waren, sind oder waren selbst in der FPÖ oder gar keine Historiker. Jahre später, kurz vor Weihnachten 2019, erschien nach mehrmaligem Verschieben ein fast 700-seitiger Bericht, der aufgrund des geschickt gewählten Zeitpunkts in der Berichterstattung mehr oder weniger unterging.

Darin kam man zu dem Ergebnis: Ja, die Partei sei von Nationalsozialisten gegründet worden. Doch der Gründungsvater Anton Reinthaller sei ein »gemäßigter Nazi« gewesen (→ *FPÖ*). Nach fast 700 Seiten heißt es schließlich, dass man private Vereine nicht zwingen könne, ihre Archive zu öffnen. Darum beschäftige sich der Bericht am Ende leider doch nicht im Detail mit den Burschenschaften, die den Auslöser für die Untersuchung geliefert hatten, und auch nicht mit den Verstrickungen zu den rechtsextremen Identitären.

Was die Partei laut ihrem Bericht selbst als »Der eigenen Geschichte illusionslos ins Auge sehen!« empfindet, bewerten Expert*innen als »eine Blamage« und weisen auf zahlreiche »blinde Flecken« hin. Als »ein Sammelsurium von Einzelmeinungen« bezeichnet der Historiker Oliver Rathkolb von der Universität Wien das Dokument gegenüber der *Wiener Zeitung*.

Da es der Partei auf 700 Seiten nicht gelungen ist, möchte ich gerne helfen und einige Beispiele nennen, die zeigen, wie groß der Antisemitismus und die Anbiederungen an den Nationalsozialismus in der FPÖ noch heute sind. Hier eine kurze (nicht vollständige) Aufzählung.

Um es einigermaßen übersichtlich zu halten, schließlich soll diese Aufzählung ja nicht das ganze Buch füllen, beschränke ich mich auf den Zeitraum zwischen der Nationalratswahl 2017, als die FPÖ ihr zweitbestes Ergebnis aller Zeiten eingeheimst hatte und schließlich mit Sebastian Kurz' ÖVP eine Regierung bildete, und dem Ibiza-Skandal.

November 2017: Von dem niederösterreichischen FPÖ-Funktionär Andreas Bors tauchten Bilder auf, die ihn beim Hitlergruß zeigen. Er selbst rechtfertigte die eindeutige Pose als Fangesang beim Fußball. Strafrechtlich hatte der Hitlergruß keine Konsequenzen, Bors sah sich zum Rücktritt gezwungen. Er bleibt aber Bezirkschef der FPÖ in Tulln.

Dezember 2017: Der FPÖ-Gemeinderat Bernhard Blochberger verschickte auf Facebook Weihnachtsgrüße. Auf einem Bild ist eine Familie unter dem Weihnachtsbaum zu sehen. Daneben deutsche Soldaten an einem Grab. Das Bild stammt aus einer nationalsozialistischen Frauenzeitschrift.

Jänner 2018: Wenige Wochen später sprach FPÖ-Innenminister Herbert Kickl davon, Geflüchtete »konzentriert halten« zu wollen.

Im selben Monat deckte die österreichische Wochenzeitung *Der Falter* auf, dass in einem Liederbuch der Burschenschaft Germania der Mord an jüdischen Menschen propagiert wurde. Im Detail hieß es: »Da trat in ihre Mitte der Jude Ben Gurion: ›Gebt Gas, ihr alten Germanen, wir schaffen die siebte Million.‹«

Im Februar 2018 benutzte die FPÖ-Funktionärin Miriam Rydl das Wort »Untermenschen« und bezeichnete damit geflüchtete Männer. Laut eigenen Aussagen war ihr nicht bewusst, dass es sich dabei um einen Nazibegriff handelte. Sie bekam von ihrem Chef Andreas Bors (der mit dem Hitlergruß) eine Abmahnung dafür.

Ende Februar 2018 deckte der *Falter* die Existenz eines weiteren antisemitischen Liederbuchs bei der Burschenschaft Bruna Sudetia auf. Dort hieß es: »Zwei Juden schwammen einst im Nil, den einen fraß ein Krokodil, den anderen hat es nur angeglotzt, da hätt es den ersten fast ausgekotzt.«

Im März 2018 wurde bekannt, dass der FPÖ-Bezirksobmann Wolfgang Neururer in einem parteiinternen Chat auf WhatsApp Hitlerbilder verschickt haben soll mit den Worten: »Adolf, bitte melde dich.« Neururer wurde wegen Wiederbetätigung verurteilt.

Im März sagte der FPÖ-Politiker und Burschenschafter Lutz Weinzinger in einem Interview, dass Burschenschafter wie Juden und Jüdinnen verfolgt würden.

April 2018: Einem Mitarbeiter von Norbert Hofer (mittlerweile Chef der FPÖ) gefiel auf Facebook ein Lokal, das Hitlers Geburtstag mit einem speziellen Menü für 8,88 Euro feierte.

Im Mai 2018 wurde bekannt, dass der damalige Chef der Salzburger Jugendpartei der FPÖ, Markus Hüttenmeyer, sich in einem Posting von 2009 selbst als Nationalsozialist bezeichnet hatte. Er trat daraufhin zurück.

Im Juli 2018 wollte der freiheitliche Landesrat in Niederösterreich, Gottfried Waldhäusl, Abnehmer*innen von koscherem Fleisch registrieren lassen.

Rund um den Sommer 2018 gedachten FPÖ-Politiker einem Naziflieger, luden zu einer 8,88 Kilometer langen Wanderung, waren Mitglieder in antisemitischen Gruppen, besaßen Nazipornos, nahmen an rechtsextremen Treffen teil oder dealten mit Hakenkreuzen.

Im April 2019 teilte der damalige Vizekanzler Heinz-Christian Strache auf Facebook einen Beitrag einer Seite, die den Holocaust als »die größte Lüge der Geschichte« beschreibt und Hitler als Retter vor »der jüdischen Gefahr«.

Ende April 2019 verglich der Braunauer Vizebürgermeister Christian Schilcher in einem Gedicht Menschen mit Migrationsgeschichte mit Ratten. Aufgrund der starken Kritik trat er zurück und auch aus der Partei aus. Seinen Job bei den ÖBB durfte er behalten, da er die Aussagen privat und nicht in seinem Job getätigt habe. Heute arbeitet Schilcher nicht mehr für die staatliche Eisenbahngesellschaft.

Im Mai 2019 schickte die FPÖ den Maler Odin Wiesinger in den oberösterreichischen Kulturlandesbeirat. Er malt gern Wehrmachtssoldaten, Burschenschafter und NS-Porträts und publiziert in rechtsextremen Medien. Er gilt als der »Lieblingsmaler« von Norbert Hofer. Während der Ibiza-Affäre verzichtete er auf seine Nominierung, um »weiteren Schaden an seiner Familie« zu verhindern.

In diesen drei Jahren gab es bedeutend mehr antisemitische, rassistische, aber auch antimuslimische, sexistische, homophobe, transfeindliche und menschenverachtende Aussagen in der FPÖ. Die österreichische Tageszeitung *Der Standard* macht sich zum Beispiel seit Jahren die Mühe, jeden einzelnen Vorfall zu sammeln. Diese Vorfälle spiegeln eine Vielzahl von Einzelfällen und Ausrutschern wider, die allein durch ihre Anzahl ein Muster aufzeigen.

Yippie, Ibiza!

Mein Handy piept ununterbrochen. Seit Stunden. Freund*innen verschicken aufgeregte Nachrichten. »Ich kann das alles nicht glauben!«, »Viva Ibiza«, »I love Ibiza« oder »Nie wieder Strache! Habe Angst, dass alles nur ein Traum ist«. Herzen, Palmen und Feuer-Emojis blitzen auf dem Bildschirm auf. Es ist Samstag, der 18. Mai 2019, und der Vizekanzler Österreichs, Heinz-Christian Strache, ist soeben zurückgetreten.

»We are going to Ibiza«, der Hit der Vengaboys, wird zur neuen Hymne der Linken. Ein Funken Aufbruch ist zu spüren. Hoffnung, dass sich etwas ändert. Für einige ist es wie Geburtstag und sämtliche Feiertage zugleich. Straches Rücktritt löst quer durch die politischen Lager Freude aus. Es war nicht nur Schadenfreude, sondern ein Aufatmen.

Strache hatte eine ganze Generation beeinflusst. Seit ich wählen durfte, war er da. Er bestimmte Themen, dominierte Diskussionen und prägte die Art, wie Politik gemacht wurde. Viele Menschen verbanden sein Gesicht mit Rassismus, menschenfeindlicher Politik und selbst ernannten rechten Ausrutschern. Er führte Haiders Erbe weiter und versuchte, die Partei möglichst jung darzustellen. FPÖler*innen besuchten Bierzelte und Discos. Straches Wahlplakate klebten über die Jahre immer wieder vor unserem

Fenster am Nachbarhaus. Viele meiner Freund*innen aus dem Dorf teilten seine Postings auf Facebook. Kommentierten und unterstützten ihn. Oder schlossen sich der Partei an.

Dieses Wochenende war für viele Menschen besonders. Doch für manche noch ein Stück mehr, etwa für Menschen mit Migrationsgeschichte oder Angehörige von Minderheiten. Die jahrzehntelange Hetze schien an diesem Tag zwar nicht zu enden, aber zumindest zu pausieren.

72 Stunden lang gönnten sich viele Menschen in Österreich so etwas wie Hoffnung, dass der Rechtsruck nun ein Ende habe. Es fühlte sich wie ein einziger Rauschzustand an. Nach dem Rausch kommen ja bekanntlich der Tag danach und der Kater.

»Das war's«, titelte die *Kronen Zeitung* in großen Lettern an diesem Wochenende im Mai nach Ibiza auf ihrem Cover. Darunter ein Bild von Strache mit geschlossenen Augen und Sebastian Kurz im Profil, der sich von ihm abwendet. Hinter ihnen weht eine Österreichflagge. Unten rechts wirbt ein Unternehmen für Tracht-Badehosen. Ich hing das Cover als Erinnerung an Ibiza an meine Klotür. Ich vermutete, dass der Tag von Straches Comeback kommen würde. Nur nicht ganz so schnell.

Zug

Die Sitze sind rot wie die Österreichischen Bundesbahnen (ÖBB). Draußen ruckelt die Landschaft vorbei. Der Waggon bumsvoll. Das Bistro auch. Außerdem ist es wahnsinnig heiß. Noch heißer sind nur die Gemüter.

Mann: »Ich möchte einen Kaffee, schwarz, ohne Milch und mit Zucker.«

Schaffner: »Einen Verlängerten?«

Mann: »Einen schwarzen Kaffee eben!«

Schaffner: »Bring ich Ihnen gleich. Es dauert noch einen Moment, wir haben heute viel zu tun!«

(Schaffner räumt Geschirr von Nebentisch ab und nimmt Bestellung auf.)

Frau mit zwei Kindern am Schoß: »Wir hätten gerne zwei Gupf Schokoeis …«

Schaffner: »Eis ist leider aus, weil die Kühlung nicht funktioniert.«

Kinder *(schreien)*: »Mama, du hast uns aber Eis versprochen!«

Frau mit zwei Kindern am Schoß: »Habt ihr sonst noch Mehlspeisen?«

Schaffner: »Schokodonuts haben wir, aber die sind auch warm.«

Kinder *(schreien)*: »Ja, ja, Donuts!« *(Mutter nickt erschöpft und Schaffner verschwindet.)*

Kinder *(schreien)*: »Mama, Mama, wie lange dauert das denn noch? Hunger!!«

Mutter entschuldigt sich im Abteil: »Wir sind seit 14 Stunden unterwegs.«

(Mutter gibt Kindern Handy zum Videoschauen.)

Mann *(dreht sich um)*: »Das ist laut, ich halt das nicht aus. Ich bin sehr lärmempfindlich. Können Sie das Video ausmachen?«

Frau: »Wenn ich das ausmache, dann schreien sie.«

Mann *(spricht an alle gerichtet, die in der Nähe sitzen oder vorbeigehen)*: »Ja und was können wir dafür? Richtig: nix!«

Schaffner: »Hier, die beiden Donuts! Und nächstes Mal gibt es auch wieder ein Eis bei uns!« *(Blickt zu Mann rüber.)* »Ah, Ihr Kaffee kommt auch gleich!«

Mann: »Wird ja wohl nicht so schwer sein.«

(Schaffner hört das nicht mehr und läuft schon weiter.)

Mann: »Zuerst hat der Zug Verspätung, dann ist er überfüllt und nun bekommt man nicht mal seinen

Kaffee. Das ist ja schlimmer als bei der Deutschen Bahn.«

Dame gegenüber nickt zustimmend.

Frau mit Kindern tötet ihn mit Blicken.

Schaffner eilt wieder vorbei.

Mann: »Hören Sie, mein Kaffee!«

Schaffner läuft vorbei.

Mann: »Also das ist wirklich eine Frechheit hier. Das nächste Mal fliege ich wieder.«

Alte Dame: »Früher hätte es so was ja nicht gegeben!«

Schaffnerin *(betritt das Bistro)*: »Ihre Fahrkarten die Herrschaften, bittschen!«

Mann: »Hören Sie, ich hab schon vor über zehn Minuten bei Ihrem Kollegen einen Kaffee bestellt und ihn immer noch nicht bekommen.«

Schaffnerin: »Bis wohin fahren Sie denn?«

Mann: »Wien.«

Schaffnerin: »Dann habn S' eh noch sechs Stunden Zeit.«

Zuckerl: 50 Shades of Eva

Ein Zuckerl ist ein Bonbon. Dieses Wort ist aber auch essenziell, um so einige österreichische Reformen zu verstehen. Ein Wahlzuckerl ist ein politisches Zugeständnis vor einer Wahl, um mehr Stimmen zu bekommen. Und in Österreich ist ständig Wahlkampf. Außerdem gibt es noch ein Lohnzuckerl, ein Preiszuckerl und Steuerzuckerl. Und nun auch ein Lesezuckerl am Ende des Buchs. Denn da war ja noch was. Damals auf Twitter:

Eva Reisinger, 25.3.2019: *»Kann es nicht mehr für mich behalten. Hatte heute Nacht einen derart fatalen Sextraum, dass ich wohl dringend aufhören sollt, über österreichische Politik zu schreiben. Macht mich offensichtlich schwer krank. Und nein, ich werde nicht sagen, wer es war. Sonst muss ich mich für immer aus dem Internet und überhaupt löschen. Oder gebt mir Buchvertrag und ich schreib ganzes Kapitel drüber.«*

Sonnenstrahlen bedecken mein Gesicht, als er sich über mich beugt. Seine Hände neben meinen Schultern auf dem Bett abgestützt. In seinen Augen spiegelt sich die Österreichflagge, die sanft im Wind weht. Sein Anzug so eng. Das Gel in seinen Haaren so nass. Ich kann meine Finger nicht mehr bei mir halten. Sie sind feucht. Aber ich bin feuchter. Wir wissen beide, dass wir es nicht dürfen, und tun es trotzdem. Oder genau deswegen?

Ich sauge den Duft seiner Abgebrühtheit ein und strecke meine Hände nach ihm aus. Mit meinem Zeigefinger streiche ich an seinen ausgeprägten Ohren entlang. Sein Körper zuckt. Ich spiele mit ihm. Er will wieder einmal seine Grenzen schützen. Ich beiße mir auf die Lippe und frage mich, warum ich so lange gegen seine Schönheit angekämpft habe. Dann treffen seine Lippen endlich auf meine. Fest und bestimmt. Ich öffne meinen Mund und lasse seine Zunge in mich eindringen. Er massiert sie fordernd, ja gar verfassungswidrig, wirkt dabei aber immer noch höflich. Ein Rätsel – wie er das schafft. Diese Macht, dieses Durchsetzungsvermögen, dieser unter Unschuld versteckte Faschismus.

Er ist so anders als alle zuvor. In diesem Hauch von Slimfit raubt er mir meinen Verstand. Als wir heute an der Tür standen, flüsterte er in mein Ohr: »Eva, heute Nacht schließ ich deine Balkanroute.« Für andere mag das Wahlkampf sein. Österreichische Politik eben. Für uns ist es ein Codewort.

Als ich mich in Gedanken verliere, bebt mein Körper. Ich erschaudere. »Baby, was ist los?«, flüstert er und streicht mit seinem Finger über meine Lippen. Er sieht mir tief in meine Augen, ach, was soll's, in meine Seele, und fragt: »Hast heut schon zu Mittag g'essen?«

NACHWORT

Generationen von Österreicher*innen wurden dazu erzogen, einfach mal zufrieden zu sein. Jede*r ist sich selbst am nächsten. Die Zeiten sind hart. Niemand hat mehr den einen Job bis zur Pension. Auch wer brav spart, kann sich nur schwer Eigentum leisten. Haus, Hund, Zaun oder Hecke gilt es trotzdem zu erreichen. Um das zu bekommen, heißt es arbeiten, arbeiten, arbeiten. Ohne Fleiß kein Preis. Damit man irgendwann mal was hat. »Für junge Menschen ist Eigentum die beste Maßnahme gegen Altersarmut«, sagte Sebastian Kurz 2017. Status und Ansehen sind dabei wichtiger denn je. Ein BMW oder VW sollte in der Einfahrt stehen. Die Fenster sollten zumindest Josko und der Grill ein Weber sein. Zum Streiten geht man in den Keller oder lässt die Jalousien runter. Hat man Eigentum, wird alles gut.

Außer sie waren unzufrieden. Dann ging man einen Schritt nach rechts. Suchte sich jemanden, dem man die Schuld geben konnte. Wie Geflüchteten und Migrant*innen. Die irgendwann noch bessere Jobs, ein besseres Handy und ja vielleicht sogar ein besseres Auto haben könnten als man selbst. So was aber auch! Das wär ja noch das Schönste! Ha! Ein paar wenige bewegten sich auch nach links, aber damit ist in Österreich nun wirklich nichts zu erreichen. Das Wichtigste ist schließlich, dass in Österreich alles so bleibt, wie es schon immer war. Darum akzeptiert man auch mit einem Schulterzucken, dass der Nazi besoffen schon mal die rechte Hand hebt. Und dem Franz daheim nach zu viel Bier schon mal die andere Hand auskommt. War schon immer so. Ja, eh schlimm!

»Das ganze Land, ein riesiges Auslassungszeichen«, schreibt die Journalistin Barbara Kaufmann in einem Essay über den Opfermythos in Österreich. Dieser scheint über Generationen mit dem Kaffeeservice und dem Sparbuch weitergegeben worden zu sein. Die ständige Angst, erwischt zu werden, von Menschen, die in der Vergangenheit graben und einen an den Pranger stellen wollen. »Paranoia Austriaca« nennt Kaufmann das. Weil man ohnehin ständig Angst hat, gibt man sich lieber unpolitisch. Sicher ist sicher. Oder halt eben rechts. Denn rassistische Stereotype wurden so oft wiederholt, dass sie im Denken der Österreicher*innen fest verankert sind. Alles Neue und Fremde ist grundsätzlich schlecht. In der Ferne lauert sowieso der Feind. Veränderungen bedeuteten wirklich noch nie etwas Gutes.

Österreich nimmt sich selbst oft viel zu wenig ernst. Das mag in gewissen Aspekten sehr sympathisch sein. Etwa, wenn freitagmittags niemand mehr zu erreichen ist und alle im Wochenende sind. Beim Business-Lunch schon mal 'ne Halbe Bier geballert wird. Oder man sich gegenseitig mit Titeln beschimpft. In diesem Land muss nicht immer alles ganz korrekt sein. Doch für die unpolitische Wurschtigkeit wird es noch bitter bezahlen.

Generationen haben gelernt, nur an sich selbst zu denken: unser Haus, unsere Einfahrt, unser Auto, unser Zaun. Betrifft einen das Gesetz persönlich nicht, ist es egal. Versprechen Politiker*innen, sich für die einen einzusetzen und andere dafür auszuschließen, wird das akzeptiert. Solange es einem selbst gut geht, fördert man auch die Spaltung des Landes mit. Denn: Wir müssen heutzutage erst mal auf uns selbst schauen! Wir können schließlich nicht alle aufnehmen. Nicht allen helfen. Österreich zuerst! Und dann schauen wir weiter. Die Menschen bauen Burgen, Zäune und Mauern und schotten sich ab, wie man es aus der Biedermeierzeit kennt. Politiker*innen geben sich dabei jung und wahnsinnig fresh, vertreten aber Werte, die selbst vor 30 Jahren als konservativ und veraltet gegolten hätten.

Mir wird oft gesagt, ich solle nicht so viel kritisieren. Österreich nicht in die rechte Ecke stellen. Mir wird gern vorgeworfen, die Klischeeschleuder zu bedienen. Oder gar eine sich selbst erfüllende Prophezeiung anzuzetteln. Als würde Österreich plötzlich mehr rechts sein, weil es jemand thematisiert. Ich solle einfach mal dankbar sein für all das Gute in Österreich. Die Berge, den Sozialstaat und den Kaffee. Anstatt dauernd alle zu verunglimpfen und jahrzehntealte Traditionen infrage zu stellen. Ich bin durchaus für einiges dankbar. Es gibt Dinge, die gibt es wirklich nur in Österreich. Etwa gscheite Semmelbrösel.

Ich musste beruflich erst nach Berlin gehen, um mir klar zu werden, dass das alles ganz und gar nicht normal ist, was in Österreich seit Jahren passiert. In diesem Land hatte lange eine weiße, rassistische Mehrheitsgesellschaft das Sagen. Sie wird aufgebrochen und zerbröckelt jeden Tag ein Stück weiter. Das ist wichtig. Viele haben aber noch nicht verstanden, wie homogen ihre Firma, ihr Vorstand oder die mit der Macht in ihrem Umfeld sind. Wie einseitig und rassistisch Entscheidungen getroffen werden. Wie ungleich viele Gesetze sind und heute noch immer gemacht werden. Wie ungerecht Menschen in diesem Land behandelt werden.

Der Satiriker und Künstler Jan Böhmermann sagte in einem Interview mit dem Österreichischen Rundfunk, Österreich sei ein »Versuchslabor« für Deutschland, in dem »Leute mit Chemikalien« experimentieren, »die man nicht zusammenschütten sollte«. Seit Jahrzehnten wird in Österreich nun herumgepanscht. Die wenigsten würde es wundern, wenn es mal knallt. Bevor dieses Experiment total eskaliert, müssen wir etwas ändern. Ansonsten wird alles so bleiben, wie es in Österreich schon immer war: Hetze und Rassismus werden alle paar Jahre so groß, dass eine rechte Partei es in die Regierung schafft. Daran ändert auch nur wenig, dass aktuell die Grünen in der Regierung sind. Bundeskanzler Kurz spricht immer noch stolz davon, 2015 die Balkanroute geschlossen zu haben. Selbst die SPÖ beginnt Werbevideos mit den Worten: »Ich selber bin wirklich kein Ausländerfeind, aber …«, und Bundeskanzler Christian Kern prahlt schließlich darin, das Burkaverbot beschlossen zu haben. Die FPÖ und Strache mischen in der Opposition heiter mit, während nach der angeblichen russischen Oligarchin wie nach einer Schwerverbrecherin gefahndet wurde. Der Diskurs in der Politik bleibt nach rechts verschoben – aber auch beim Gespräch im Supermarkt und in den Familien.

Was geht also, Österreich?

So einiges viel zu langsam. Die, die immer schon laut waren, sind es heute noch. Rassismus und rechtes Gedankengut lassen sich längst problemlos und meistens auch folgenlos vertreten. Das haben wir der Verschiebung des politischen Diskurses in den vergangenen 30 Jahren zu verdanken. Einige der Menschen im Land stimmen der rechten Hetze ohnehin zu, viele andere sind ruhig. Es braucht heute Mut, sich gegen rechts zu stellen, für die Menschlichkeit, für Feminismus und die Gleichheit aller vor dem Gesetz einzutreten. Die rechte Rhetorik ist längt in der Gesellschaft angekommen. Sie diffamiert diese Menschen als Gutmenschen, Naive, Linksradikale, Männerhasserinnen oder eben, ganz raffiniert, als Ungefickte. Viele sagen dazu wieder nicht mehr als: Jo, eh schlimm, und zucken mit den Schultern. Dafür gibt es doch auch so viel Schönes im Land, beteuern sie.

»Ich verstehe einfach nicht, was daran so schwer sein kann, jeden einzelnen Bürger wertzuschätzen, ihn einzubinden in die Gesellschaft. Nur so kann man das Maximalste aus der Gesellschaft herausholen. Diese Politik der Ausgrenzung wird Österreich nur schaden«, schrieb die Journalistin Nour Khelifi 2017.

Österreich muss sich eingestehen: Wir sind nicht immer das Opfer, an so einigem sind wir selbst schuld. Es ist an der Zeit, sich mit dem Land auseinanderzusetzen, anstatt nach neuen Sündenböcken zu suchen und die Verantwortung abzuwälzen. Dazu braucht es Dialog und Diskurs. Und zwar einen ernst gemeinten. Nicht über Emotionen. Nicht darüber, wer Angst vor wem hat und wer wütend ist, sondern über Themen, die uns auch in der Zukunft begleiten werden, und darüber, wie wir mit ihnen als Gesellschaft umgehen möchten. Blickt man beispielsweise in Gemeinden, in denen Geflüchtete leben, wählen weniger Menschen rechts als in Gemeinden, in denen die Bewohner*innen noch nie mit einem Menschen mit Migrationsgeschichte gesprochen haben. Nun werden einige zu Recht anmerken, dass es doch nicht immer das Aufeinandertreffen brauchen darf, um eine rassistische Einstellung zu ändern. Ja, in einer idealen Welt wäre das so. Was aber einmal gelernt wurde, lässt sich schwer ablegen.

Wer gegen Veränderungen ist und über Jahrzehnte so sozialisiert wurde, wird nicht eines Morgens aufwachen und sich denken: Wow, heute öffne ich mich mal, mal schauen, was passiert. Damit der Mensch irgendetwas hinterfragt, das seiner Wahrnehmung und Lebensrealität widerspricht oder diese auf den Kopf stellt, bedarf es der Empathie. Das besagt jedenfalls die sozialwissenschaftliche Forschung. Ignoriert man diesen Aspekt und geht auf Angriff, verhärten sich die Fronten nur noch stärker. Das mag zwar im Moment befriedigend sein, verändert aber wenig. Wir brauchen mehr Dialog, mehr Streit und mehr Gegenwind. Und damit meine ich nicht, rechtsextremen Vollidiot*innen in Politiksendungen eine Plattform zu geben, sie Leitartikel schreiben zu lassen, stundenlange Dokus über die Identitären zu drehen oder Andreas Gabalier zu feiern, weil eh schon alles wurscht ist. Rechtsextreme Positionen dürfen niemals normal werden. Niemandem bringt es etwas, mit Nazis und Rechtsextremen zu diskutieren. Genauso wie niemand auf die Idee kommen würde, dass man sich die Meinung von Islamist*innen anhören müsse. Es braucht leider diesen abgenutzten Vergleich, weil Rechtsextremismus immer noch nicht ernst genug genommen wird. Wer zum Beispiel aber seinem Onkel erklären möchte, warum es nicht gut ist, dass er ständig auf diese Art von den »Moslems« vor seiner Tür spricht oder »Feministin« als Schimpfwort verwendet, könnte dabei bessere Chancen mit einem ernsthaften Dialog haben. In dem es nicht nur darum geht, dem Gegenüber reinzudrücken, wie falsch er sich verhält und wie richtig man selbst liegt.

In Österreich sehen wir, was passiert, wenn rechtskonservative Einstellungen über Jahrzehnte in die Köpfe einbetoniert werden. Was es tatsächlich bedeutet, dass sich der Diskurs einer Gesellschaft nach rechts verschoben hat. Nun gilt es, diesen wieder zu bewegen. Das wird nicht nur über Entrüstung und Wut funktionieren. Auch weil das der rechten Rhetorik in die Hände spielt. Wenn die Menschen bei Diskussionen am Zeltfest, im Dorf, beim Nachbarn und am Schnitzelsonntag weiterhin lieber schweigen, auch wenn sie anders denken, wird sich aber auch nie etwas ändern. »In einer rassistischen Gesellschaft reicht es nicht aus, nicht rassistisch zu sein. Wir müssen antirassistisch sein.« Das hat die US-amerikanische Bürgerrechtsaktivistin Angela Davis dazu gesagt.

Ich weiß, wie sehr die Ungeduld manchmal nagt. Der innere Trotz, nicht mehr argumentieren zu wollen, tobt. Man ist von den immer gleichen Diskussionen ermüdet. Die Frustration, dass das alles sowieso nichts bringt. Die Wut, die sich daraus entfacht. Die Journalistin Alexandra Stanić beschreibt ihre Wut auf das Land in einer Kolumne so: »Wenn ich an Österreich denke, fühle ich nur Wut und Frust. Ich denke an österreichische Beisl-Männer, die – je nach Verfassung und Tageszeit – Spritzer oder Melange trinken und Österreichs hässlichste Fratze zeigen. Mit der Tschick in der einen, der *Kronen Zeitung* in der anderen Hand.«

Ich mache mir diese Gedanken als Person in einer privilegierten Position. Als weiße Cis-Frau mit einem Job und dem Privileg, ein Buch schreiben zu dürfen und gehört zu werden. Ich kann mit FPÖ-Wählenden diskutieren, weil sie meine Lebensrealität nicht grundsätzlich angreifen oder infrage stellen (zumindest meistens). Damit sich in unserer Gesellschaft etwas verändern kann, müssen wir raus. Gerade die, die nicht strukturell diskriminiert werden, müssen endlich ihren Mund aufbekommen. Wir können uns nicht in unseren Altbauwohnungen, in unseren Häusern im Grünen verkriechen und uns über den Rechtsruck aufregen und hoffen, dass sich das von allein wieder lösen wird. Die Kinder in Privatschulen schicken und zu faul zum Demonstrieren und zum Diskutieren sein. Wenn immer alle den Mund halten, weil es eben leichter ist und wir das so gelernt haben, wird alles so bleiben, wie es ist.

Ich habe miterlebt, wie es ist, sich in einen Rechten zu verlieben und am Dialog zu scheitern. Manche Einstellungen wird man nicht beeinflussen können, auch das muss man sich eingestehen. Doch ich habe auch bei einem Freund viel zu spät realisiert, dass wir viel mehr hätten streiten sollen. Vielleicht hätte es etwas verändert. Ich kenne aber auch das Gefühl, innerlich zu brennen. Alles hinschmeißen zu wollen und sich zu denken: Ach, Österreich, verreck doch an deinem Rassismus und deiner Engstirnigkeit.

Doch dann treffe ich auf Menschen, die unermüdlich versuchen, etwas zu verändern. Oder auf Menschen, bei denen es niemand gedacht hätte, dass sie sich einmal verändern würden. Zuhören und lernen. Seit ein paar Jahren tut sich etwas: Schüler*innen gehen für Fridays for Future auf die Straße oder kämpfen gegen Rassismus, führen politische Diskussionen. Sie sind viel mutiger, intelligenter und politischer, als wir es vielleicht jemals sein werden. Sie treibt nicht der Egoismus an, ihnen geht es um viel mehr als sich selbst. Während ich mich mit 16 vor allem angesoffen hab, versuchen einige junge Menschen gerade, die Welt etwas besser zu machen. Lernen wir in Österreich, in Europa und wo auch immer von ihrem Mut.

Damit das gelingen kann, muss sich Österreich eine eigene Identität schaffen, die nicht auf Ausgrenzung beruht. Denn dieses Österreich mit seinen »echten Österreicher*innen« hat es ohnehin nie gegeben. Das Land setzte sich schon immer aus vielen Kulturen zusammen. »Wir Österreicher haben nichts zu berichten, außer dass wir erbärmlich sind«, sagte Thomas Bernhard einst, und vielleicht wäre es jetzt mal an der Zeit, das Gegenteil zu beweisen und ein menschenfreundliches, soziales und fortschrittliches Land zu werden.

Wenn ich die Augen schließe, könnte ich mir Österreich als offenes Land mit gutem Essen vorstellen, mit gemütlicher Kaffeehauskultur, einem funktionierenden Sozialstaat, einer gleichberechtigten Gesellschaft, aufgeschlossenen Menschen und lustigen Dialekten. Es könnte ein »Wir« in Österreich geben, ohne Menschen auszugrenzen. Diese Utopie sollten wir verfolgen, anstatt ständig Dystopien zu verbreiten und uns selbst zu bemitleiden. Wir leben in einem wunderschönen Land und es ist an der Zeit, uns auch mal so zu verhalten. Bis es so weit ist, müssen wir aber auch über die braunen Flecken, den ständigen Rassismus und den Rechtsruck sprechen.

Follow

Wer Österreich verstehen will, zitiert Thomas Bernhard, hört Bilderbuch oder glaubt im Worst Case, was in der *Kronen Zeitung* steht. Dabei gibt es viele junge Menschen, deren Arbeit man verfolgen könnte, wenn man wissen will, was mit und in diesem Österreich so geht:

Aleksandra Tulej schreibt für das Magazin *Biber*. Für eine Geschichte traf sie sich über Wochen mit bewaffneten Jugendbanden in Wien und porträtierte junge Menschen, die in der Gesellschaft nichts mehr zu verlieren haben.

Alexandra Stanić hat es gewagt, öffentlich zu sagen, dass sie Österreich hasst, und einen Shitstorm dafür geerntet. Sie porträtiert das Land regelmäßig in ihrer Kolumne bei *VICE* – immer pointiert und immer beinhart.

Ana Grujić lebte lange in Berlin und kommentierte zum Beispiel Peter Handkes Nobelpreis als blanken Hohn für Flüchtlingskinder aus Ex-Jugoslawien. Ana hatte auf Instagram zudem eine sehr empfehlenswerte Snack-Kolumne und ist (von mir) ernannte Tchibo-Expertin. Mittlerweile wohnt sie wieder in Wien und schreibt für die Tageszeitung *Der Standard*.

Angela Lehner – die *Tiroler Tageszeitung* sagt über sie, dass sie zu gescheit ist. Stimmt auch, in ihrem großartigen Debütroman *Vater unser* beschreibt sie die Dorfidylle in

Kärnten und die Psychiatrie in Wien. Wer von österreichischen Figuren lesen will, die hochkomisch und hochgradig verrückt sind, ist bei ihr gut aufgehoben.

Arman T. Riahi macht wirklich tolle Filme. Er steckt hinter der Komödie *Die Migrantigen,* die einen nicht nur Tränen lachen lässt, sondern endlich mal erklärt, was es nun bedeutet, Österreicher*in zu sein oder eben nicht.

Arua Juanita liest seit über drei Jahren, keine Bücher mehr von weißen Autoren. Sie betreibt dafür einen Black/PoC-Bookstagram-Account mit spannenden Empfehlungen und stabilen Rants.

Barbara Blaha versucht seit Jahren, eine linke Gegenöffentlichkeit in Österreich zu erschaffen. Sie gründete dazu einen Thinktank und das Onlinemagazin *Moment*.

Beatrice Frasl ist Kulturwissenschaftlerin und betreibt den feministischen Podcast *Große Töchter*. Darin geht es um Ibizagate und patriarchale Männlichkeiten genauso wie um Väterkarenz.

Benjamin Opratko arbeitet als Politikwissenschaftler für die Uni Wien und schreibt auch selbst, unter anderem für den *Guardian*. Er kann erklären, warum es in Österreich keine Linke gibt und warum antimuslimische rassistische Kampagnen im Land so gut funktionieren.

Bianca Jankovska, bekannt als *Groschenphilosophin,* stammt aus dem Arbeiter*innenbezirk Donaustadt und lebt mittlerweile in Berlin. Sie ist die einzige Person, die ich kenne, die wirklich »ur arg« sagt. Sie hat außerdem zwei grandiose Bücher, *Das Millennial-Manifest* und *Dear Girlboss, we are done,* geschrieben. Als würden nicht ohnehin alle vor ihrer Gesellschaftskritik zittern, wird sie jetzt auch noch Wirtschaftsjuristin.

Christian Berger ist Sprecher des österreichischen Frauenvolksbegehrens – ein überparteiliches Volksbegehren, das fast eine halbe Million Menschen unterschrieben haben. Er wird nicht müde, immer wieder die gleiche feministische Diskussion zu führen.

Christina Pausackl schreibt für die Österreich-Seiten der *ZEIT* und porträtiert Menschen so nahe und berührend, als wäre man selbst dabei.

Christl Clear ist eine Wiener Modebloggerin, sie thematisiert auf ihrem Kanal auch Rassismus und wie es sich anfühlt, diskriminiert zu werden. »Ich bin eine Schwarze Frau in einem Land, das von einer rechten Partei regiert wird. Wenn ich nicht den Mund aufmache, wer sonst?«, sagte sie einmal in einem Interview.

Christoph Schattleitner sieht so aus, als habe er einen Schmiss im Gesicht. Er ist aber kein Rechter, sondern ist als Kind beim Skifahren gegen einen Stacheldrahtzaun gekracht. Der Journalist besuchte aber schon den Akademikerball, hat mit Politiker*innen für eine Serie gesoffen und analysiert österreichische Politik verständlich auf Twitter.

Clemens Binder ist Politikwissenschaftler und zeigt auf Twitter regelmäßig die Missstände in der österreichischen Innenpolitik und der Sozialdemokratie auf. Außerdem ist er ein echter Wiener und kann ausgiebig über die Menschen schimpfen, die von Oberösterreich in die Stadt kommen und immer auf der falschen Seite der Rolltreppe stehen. Leider sind sie meistens seine Freund*innen.

Dominik Barta kommt auch aus einem Kaff in Oberösterreich und hat einen ganzen Roman über die Provinz geschrieben. In seinem Debüt *Vom Land* erzählt er von einer 60-jährigen Bäuerin, die plötzlich krank wird und nicht mehr sprechen will, obwohl ihr doch eigentlich nichts fehlt. Dominik beschreibt die Provinz da, wo sie politisch wird, wenn Geflüchtete im Ort leben, und den FPÖ-Onkel, den so viele von uns nur allzu gut kennen.

dossier.at ist eine investigative Rechercheplattform. Sie widmete zum Beispiel eine ganze Printausgabe dem Thema Korruption, was ja in Österreich recht beliebt ist (→ *Causa*).

Fabian Schmid schreibt und kommentiert für die Tageszeitung *Der Standard* unter anderem österreichische Innenpolitik. Wer diese auch nur annähernd verstehen will, sollte alles von ihm lesen.

Frederika Ferková – über sie könnte und sollte es ein eigenes Buch geben. Die ehemalige *VICE*-Musikjournalistin war lange berüchtigt für ihre Saufgeschichten. Mittlerweile arbeitet sie für die NEOS als Social-Media-Managerin. Außerdem veranstaltet sie zusammen mit dem Kollektiv »hausgemacht« Sex-positive-Partys in Wien. Damit macht sie die Stadt zu einem besseren und vor allem cooleren Ort.

Gregor Schmidinger steckt hinter dem gewaltigen Coming-of-Age-Drama *Nevrland*. Der Film dreht sich um den 17-jährigen Jakob, der in einem Männerhaushalt in Österreich aufwächst und am Schlachthof bei seinem Vater (Josef Hader) beginnt. Dort brechen auch seine Panikattacken aus. Zuflucht findet er in Sexchats mit anderen Männern. Gregor ist außerdem Mitgründer des Porn Film Festival Vienna.

Hanna Herbst ist halb Österreicherin und halb Deutsche. Sie schrieb unter anderem das Buch *Feministin sagt man nicht* und war stellvertretende Chefredakteurin bei *VICE Alps*. Rechte Medien ikonisierten sie zur »Hass-Hanna«. Zu Recht, schließlich traut sie sich immer noch, »lecker« zu sagen. Inzwischen ist sie als Chefin vom Dienst zuständig für die journalistischen Inhalte in Jan Böhmermanns neuer ZDF-Show.

Ingrid Brodnig hat mehrere Bücher über die Auswirkungen der Digitalisierung geschrieben. Sie analysiert auch die Social-Media-Kanäle von österreichischen Politiker*innen und verschafft Klarheit über Likes und Macht.

Jelena Gučanin sagte in einem Interview, dass man in Österreich gerne die heilige Objektivität im Journalismus hochhalte, sich darunter aber nur Konservatismus verstecke. Sie nimmt nie ein Blatt vor den Mund und hat das Genre der feministischen Rants auf eine neue Ebene gehievt.

Johann Voigt ist der einzige Deutsche, der in diese Liste darf. Er hat sich nicht nur mit Kollegahs »Alpha Mentoring« angelegt, sondern lebt nun in Wien und beschreibt, wie scheiße es ist, dass man nirgends mehr rauchen darf, und versucht, das Schnitzelland selbst zu verstehen.

Jonas Vogt ist freier Journalist in Wien und, okay, doch noch ein zweiter Deutscher in der Liste und heißt auch noch fast genauso wie der andere. Er kann Reportagen und Porträts besonders gut und porträtierte zum Beispiel den sehr umstrittenen ehemaligen Chefredakteur der *Presse* und der *Wiener Zeitung*, Andreas Unterberger, unter dem Titel »Opa gegen links«.

Julia Ebner ist eine österreichische Extremismusforscherin und hat das beeindruckende Buch *Radikalisierungsmaschinen – Wie Extremisten die neuen Technologien nutzen und uns manipulieren* geschrieben. Sie schlich sich dazu unter anderem undercover bei den Identitären ein.

Martin Thür ist nicht nur ORF-Journalist und -Anchor,

sondern hat auch einen tollen YouTube-Account. Dort sind Videos von Politiker*innen archiviert, die diese vermutlich nur allzu gern vergessen würden.

Maximilian Werner ist mit 16 Jahren durch Austrotwitter berühmt geworden. Auf der Plattform schrieb er über seinen drohenden Nachzipf (also Nachprüfung) in Latein und schaffte es damit bis in die größte Nachrichtensendung des Landes. #VeniVidiMaxi ließ das österreichische Twitter erbeben und startete einen regelrechten Lovestorm. Er bestand schließlich seinen Nachzipf und selbst der Bundespräsident gratulierte. Seither ist Maxl Werner eine österreichische Berühmtheit.

Melisa Erkurt beschreibt in ihren Kolumnen im *Falter* und in ihrem Buch *Generation haram* die Bildungspolitik in Österreich und die zwei Klassen, die dabei existieren, nah und verständlich. Sie ist Lehrerin und Journalistin und eine der interessantesten Stimmen des Landes.

Michi Buchinger ist Youtuber und nicht nur einer der lustigsten Menschen, die ich kenne, sondern vielleicht auch der einzige nicht peinliche Influencer auf der ganzen Welt.

Natascha Strobl ist Politikwissenschaftlerin und Expertin im Bereich Rechtsextremismus und Neue Rechte. Sie nahm unter anderem schon die Identitären unter die Lupe und bekam dafür ein Loch im Küchenfenster. Unter #NatsAnalyse twittert sie ihre Analysen.

Nicole Schöndorfer ist die bekannteste Feministin des Landes und zerschlägt täglich das Patriarchat in den sozialen Medien. In ihrem wöchentlichen Podcast *Darf sie das?* erfährt man alles über Feminismus, also meistens Antifeminismus, in Österreich und sowieso.

Nour Khelifi zerlegt in ihren Instagram-Storys regelmäßig Österreich und erklärt fast nebenbei, was es bedeutet, als Muslima in Wien aufzuwachsen.

Olivera Stajić schreibt in ihrer Kolumne »Gemišt« im *Standard* zum Beispiel darüber, warum Skifahren das Deppertste ist und warum, wer Kurz wählt, FPÖ-Inhalte bekommt.

Rami Ali ist nicht nur ein Islamwissenschaftler, der tatsächlich Ahnung vom Islam hat, sondern er hat auch noch einen sehr lustigen Instagram-Kanal. Auf dem er sich auch mal mit der Polizei anlegt und woraufhin der RFJ Schnappatmung bekommt.

Raphaela Edelbauer schrieb den Roman *Das flüssige Land*. Dieser spielt am Land in Österreich an einem Ort, der nicht gefunden werden will. Sie erzählt die Geschichte einer Gräfin, die über die Erinnerung einer ganzen Gemeinde an den Nationalsozialismus zu bestimmen scheint.

Stefanie Sargnagel kennen zum Glück eh schon alle. Trotzdem darf sie in dieser Aufzählung nicht fehlen. Nach ihrer Lesung in Berlin sagte ein Freund: »Sehr sympathisch, dieses Wienerisch, aber verstanden habe ich nichts!« Das ist hoffentlich nach diesem Buch nicht mehr der Fall.

Das Tagebuch ist ein recht neues österreichisches Magazin. Lange gab es das gar nicht im Land: ein dezidiert linkes Medium, das sich auf Politik und Gesellschaft spezialisiert hat.

Die Tagespresse ist Österreichs seriöseste Onlinezeitung und berichtet über Dinge, bevor sie passieren. Das Satiremedium ist mindestens so lustig wie der *Postillon* und sogar so glaubwürdig, dass der *Guardian* es zitierte und Kurz' angebliche Grußformel glaubte: »xxx hugs & kisses Outside minister Sebi«.

Tori Reichel war vor einigen Jahren plötzlich das Aushängeschild für die internationale Uni Wien sowie Erasmus-Programme. Das Bild zeigte den Salzburger zusammen mit Kolleginnen auf einer Stiege der Uni Wien sitzen. Er antwortete mit einem Brief auf *VICE,* dass er keinen Bock mehr habe, benutzt zu werden. Er schrieb auf *ZEIT Campus* schließlich auch darüber, was er sich von seinen weißen Freund*innen wünscht.

Vanessa Spanbauer ist Chefredakteurin des Magazins *fresh – Black Austrian Lifestyle* und schreibt zum Beispiel über Dating als Schwarze Frau in Wien.

1000things.at – der Stadtblog über Wien – bewahrt hoffentlich den einen oder die andere bei der Wienreise davor, im Do&Co am Stephansplatz bei einem Aperol zu landen oder, noch schlimmer, im Figlmüller Schnitzel zu essen und zu glauben, das sei Wien.

Quellen

(direkt zitiert)

»SEBASTIAN KURZ. Österreichs neues Wunderkind?«, Nina Horaczek und Barbara Tóth, 2017, Residenz Verlag

»Richtig österreichisch: Warum der Skikurs für mich wichtig war«, Melisa Erkurt, 2019, Falter, https://www.falter.at/zeitung/20190109/richtig-oesterreichisch-warum-der-skikurs-fuer-mich-wichtig-war/e538dde482

»Das Erbe der Kriegsenkel: Was das Schweigen der Eltern mit uns macht«, Matthias Lohre, 2016, Gütersloher Verlagshaus

»Der Hinterhalt ist das Versteck des Feiglings«, Barbara Kaufmann, 2020, SWR2 Essay, https://www.swr.de/swr2/doku-und-feature/swr2-essay-2020-02-17-106.pdf

»Die Politik mit der Angst«, Nour Khelifi, 2017, Biber, https://www.dasbiber.at/blog/die-politik-mit-der-angst

»Warum ich Österreich hasse«, Alexandra Stanić , 2019, VICE, https://www.vice.com/de/article/mb8z7b/warum-ich-oesterreich-hasse

»Ein Experte hat uns erklärt, warum Österreicher die Deutschen so hassen«, Tori Reichel, 2017, VICE, https://www.vice.com/de/article/8qq9nx/wir-haben-einen-experten-gefragt-warum-wir-osterreicher-so-gerne-deutsche-hassen

*Onlinequellen zuletzt abgerufen am 03.11.2020. Abdruck mit freundlicher Genehmigung der Urheber*innen und Verlage.*

Danke

Ich danke allen, die mich in den vergangenen Monaten (okay, es war dann doch ein Jahr) ausgehalten, dieses Buch möglich gemacht und mich unterstützt haben. Allen voran danke ich Jan für das zigfache Lesen und Kritisieren und Supporten an jedem einzelnen Tag – auch ganz abgesehen von diesem Buch. Ich danke meiner Familie, ohne die ich nicht geworden wäre, wer ich bin. Die ich genauso liebe wie sie mich. Besonders danken möchte ich meiner Schwester, die das Manuskript immer wieder gelesen und mich bestärkt hat. Und sich so sehr gewünscht hätte, das es fehlerfrei ist (haha, sorry). Ich danke Agnes, die bei allem meinte: »Ja schreib doch auf, ist doch lustig!«, auch wenn ich sie wieder mal beim Kotzen beschrieb. Danke an Martin, dass er mit mir über seine Zeit in der Burschenschaft gesprochen hat.

Ich danke Leopold Kislinger, dass er mich als Lehrer gefördert und mich in Richtung Schreiben geschubst hat. Danke an Sebastian Horn, dass er mich überredet hat, nach Berlin zu ziehen, und meine erste Festanstellung ermöglicht hat. Denn wäre das nicht passiert, hätte ich vermutlich Hans nicht kennengelernt. Danke an Hans Peter Buohler, dass er an mich geglaubt hat, als ich noch ein ganz anderes Buch schreiben wollte. Ich danke Stefanie Jaksch, die mich ermutigt hat, einfach ein Exposé über Österreich zu schreiben, und mir in jeder Schreibkrise erklärt hat, wie normal das alles sei. Ich danke auch meiner Freundin und Kollegin Frauke Vogel, die meine allererste deutsche Testleserin war und mich beruhigt hat, dass sie nicht böse wegen all dem Deutschlandhass sei, sondern viel gelacht habe. Ich danke auch Anna M., Felix, Eva W. und Clemens fürs Probelesen und Feedback. Danke an Nina für die Yogastunden zum Runterkommen. Danke an Christoph Schattleitner für den »Herrgott« im Titel und das wertvolle Feedback beim Lesen. Einige der Politikreferenzen gehen ganz klar auf seine Kappe. Danke an Shervin Sardari fürs Lesen und tausend wichtige Kommentare zu österreichischer Innenpolitik. Ein großes Danke gilt auch Markus Schwarz. Als ich auf sein Feedback wartete, war ich unfassbar nervös, nicht nur weil er das Kaff, die Disco und das Lagerhaus mindestens genauso gut kennt, sondern weil er vielleicht der Typ im Skikurs war (sorry fürs Outing, dafür kann er jetzt endlich den Song veröffentlichen und berühmt werden!).

Mein besonderer Dank gilt meinem Lektor David Rupp. Danke für dein wachsames Auge, deine Stilsicherheit und deine Kritik. Das nächste Buch machen wir dann mit der russischen Oligarchennichte zusammen, ich schwöre.

Und ein fettes Danke gilt natürlich dem KiWi-Verlag, dass ihr an mich glaubt und mich verlegt. Ich kann es selbst ja immer noch nicht ganz glauben. Ihr seid ur leiwand.